Frank Lloyd Wright

Robert McCarter

关键人物 · Critical Lives

赖特

[美] 罗伯特·麦卡特 著
宋协立 译

北京大学出版社
PEKING UNIVERSITY PRESS

著作权合同登记号　图字：01-2008-4818

图书在版编目(CIP)数据

赖特 /（美）麦卡特（McCarter, R.）著；宋协立译 . — 北京：北京大学出版社，2018.5

（关键人物）

ISBN 978-7-301-18369-4

Ⅰ. ①赖…　Ⅱ. ①麦… ②宋…　Ⅲ. ①赖特，F.（1867 ～ 1959）— 评传
Ⅳ. ① K837.126.14

中国版本图书馆 CIP 数据核字（2010）第 263442 号

书　　名	赖特 LAITE
著作责任者	[美] 罗伯特·麦卡特（Robert McCarter）著　宋协立 译
责任编辑	邹震　于海冰
标准书号	ISBN 978-7-301-18369-4
出版发行	北京大学出版社
地　　址	北京市海淀区成府路 205 号　100871
网　　址	http://www.pup.cn　新浪微博：@ 北京大学出版社　@ 培文图书
电子信箱	pkupw@qq.com
电　　话	邮购部 62752015　发行部 62750672　编辑部 62750112
印 刷 者	天津光之彩印刷有限公司
经 销 者	新华书店
	787 毫米 ×1092 毫米　32 开本　11 印张　170 千字 2018 年 5 月第 1 版　2018 年 5 月第 1 次印刷
定　　价	59.00 元

目 录

弗兰克 · 劳埃德 · 赖特，1926 年。

践中度过的那些无数时日。而且在这些既有的研究成果中，往往忽略了形成赖特建筑作品的种种观念和信仰，无视赖特所工作其中的更为阔大的文化背景，这些文化背景对他个人风格的影响以及反映在他的建筑中的风格取向。其结果是，尽管出现如此大量研究赖特的著作，他的生活中最基本的部分——正如他本人所言，工作“在建筑事业中”的一位建筑设计师——实际上却依然没有对其进行真正的探讨和研究。本书将努力对作为建筑设计师的赖特的生平做出如实的描述与评价，可谓是一本“建筑学传记”。

在跨越美国独立后第二个世纪大部分时期的人生生涯中，赖特以极大的努力积极地促进美国民主在现代世界的进展。将古代用于地形测算的几何学同当代先验哲学的各种理念相结合，赖特努力为年轻的美利坚合众国和20世纪新世界开拓一种适逢其时的建筑形式。赖特认为，以一种新的建筑形式容纳人们日常生活的不同经验是他责无旁贷的使命，而这种新的建筑形式是在公共纪念性建筑和个人住宅建筑相融合的建筑思想指导下形成的。因此，赖特的建筑设计重新界定了我们对城市、社区理念和单体家庭住宅特征的理解。赖特的建筑设计澄清了在年轻的美国社会中，关于私人住宅和公民权利的一些关键性概念，也给予世界现代建筑的发展

前　言

赖特：新时代的开拓者

这本书是研究美国建筑设计师弗兰克·劳埃德·赖特（Frank Lloyd Wright，1867—1959）一生中的重大事件及其设计的划时代建筑作品——这些建筑作品是其地区、时宜、观念和种种关系的融合所形成的。从现象看，自 1900 年赖特 33 岁始，他的生平及其设计的建筑就成为不可计数的书籍和文章研究的主题，直至当前新的世纪之始，这种情况仍在继续，且有增无减。然而，在这些铺天盖地的著述中，读者将看到两种现象：一些著作文献式地记录和分析了赖特设计的建筑作品，但大都排除了对他日常生活的描述；而另外一些著作则是告诉读者赖特生活中出现的一些耸人听闻的轶事，却几乎没有涉及他所设计的建筑本身，或他在其设计实以重大启示。

如今，赖特逝世近五十年了[1]，他依然是被世界各国广泛承认的建筑师。虽然赖特是在19世纪美国移民文化和爱默生哲学思想影响下成长的，而且在20世纪初，他已是一位中年人，但赖特设计的建筑物以及他的设计观念，依然启迪着21世纪建筑师们的设计思想。赖特的建筑设计没有时间的局限性，它可能使那些热衷于编年纪事、从事比较和概念分类的历史学家们生厌；然而它赢得了广大公众的欢迎。他们认识到，赖特的建筑设计既富有基本的、永恒的人性魅力，又契合于当代人们的精神生活。赖特自己认为，尽管在他的建筑设计中有着与众不同的形式、材料和空间的多样化，但是他设计的所有建筑工程都渊源于相同的建筑原则，在他长达72年的建筑生涯中，他一贯地坚持这些原则和规范。弗兰克·劳埃德·赖特设计的建筑作品充分体现了他的建筑伦理理想，他的民主观念是建立在个体与集体融为一体的基础之上；他对现代生活的理想是人类与自然的和谐相处——赖特的上述思想，直至今日仍适于当代社会而处于一种极为特殊的地位。

---

[1] 至本书出版的2006年。——译注

第 1 章

整体与自然的几何学（1867—1887）

弗兰克·林肯·赖特（Frank Lincoln Wright）——这是他的父母威廉·凯里·赖特（William Carey Wright）和安娜·劳埃德·琼斯·赖特（Anna Lloyd Jones Wright）为他起的名字——于 1867 年 6 月 8 日生于美国威斯康星州的里奇兰·森特。赖特在其一生中一直认为，他的生年应是 1867 年的两年以后，即 1869 年，他的几种传记大都持这一观点。其中有这样的说法：赖特的生平“始于一个谎言”[1]；另有 种同样令人怀疑的说法是，出生日期的这种改变是赖特“将事实

[1]　Ada Louise Huxtable, *Frank Lloyd Wright* (New York, 2004), p. 1.

变为虚构的终生习惯”的开始。[1] 就这一情况而言，也许将这一现象视为赖特将虚构变为事实的一个十分有益的例子却是更为恰当，赖特将其生年改为 1869 年——至今（2009 年）已有 140 年——这一情况仍在许多被人们尊重和广泛使用的参考书中出现。

赖特一直认为，他的生年是 1869 年，这是他母亲告诉他的，而劳埃德·琼斯也曾改过她自己的生年，从 1838 年改为 1842 年，相差 4 年之多。[2] 在琼斯的情况中，其动机是十分清楚的，因为这样就使她结婚时 24 岁，而不是其真实年龄 28 岁——在当时当地，这个年龄结婚对女性而言太晚了。赖特从其早年就十分清楚，她母亲更改了他的生年，但是直至其生命的最后时日，他仍然在公众中保持他的母亲更改的生年。就在他去世前两个月，他还为其 92 岁生日而感到难为情。赖特在亚利桑那州凤凰城去世，在他去世时，为当年 6 月他的生日集会做准备的每一个人都认为，那是赖特的 90 岁生日。

---

[1] Brendan Gill, *Many Masks: A Life of Frank Lloyd Wright* (New York, 1987), p. 24.

[2] Meryle Secrest, *Frank Lloyd Wright: A Biography* (New York, 1992), p. 29.

即使其年龄比实际年龄大两岁，赖特仍然是人们至今所知道的最早慧的建筑师，这在很大程度上应归功于他所诞生的特殊家庭、时代和地域背景。对于赖特早年成长具有重要影响的是来自其母亲不同寻常的劳埃德·琼斯家族。这是一个具有宗教革新传统的凯尔特家族，在卫理会复兴运动中同拥有权威的新教教会决裂，于 1726 年在威尔士建立唯一神教教派[1]的斗争中显其锋芒。[2]自认为在宗教信仰上是反对墨守成规的持异议者，劳埃德·琼斯家族属于当时从欧洲到达新大陆的无数追求民主的亡命者和反叛者。自 1840 年至 1890 年间，大约有一千五百万移民来到美国，使这个国家的人口增加了三分之一。

对于欧洲移民而言，美国为他们提供了一种新的开端的可能性，而这种新的开端对于劳埃德·琼斯家族激进的牧师和教育者尤其具有极大的吸引力。他们坚守着自己的理想和信仰，去面对一切敌对者。赖特的祖父母理查德和玛丽亚·劳埃德·琼斯（Richard and Mallie Lloyd Wright Jones）

[1] 唯一神教教派（Unitarian），继承早期基督教会和宗教改革运动时期某些非正统神学思想的教派。认为上帝只有一位，否认基督的神性和三位一体教义。——译注

[2] Meryle Secrest, *Frank Lloyd Wright: A Biography* (New York, 1992), pp.22—3。

于1844年带着他们的7个子女，从威尔士的兰迪苏尔移民来到美国。这些子女是：托马斯（Thomas）、约翰（John）、玛格丽特（Mararet）、玛丽（Mary）、安娜（Anna）、南尼（Nanny）和詹金（Jenkin）。南尼于他们移民美国后在寻找宅地的途中夭折；另有4个子女出生在美国，他们是：詹姆斯（James）、埃诺斯（Enos）、内尔（Nell）和简（Jane）。1852年，这个亲情浓郁的家庭最终在威斯康星河岸边、麦迪逊附近的斯普林·格林郊外购买了总共1800英亩土地。1864年，内战结束前不久，劳埃德·琼斯家族在后来被称为“全能之神琼斯家族之谷”的地方落户，[1] 取“为真理而抗拒世俗”一语作为家训。

传统的凯尔特社会是以紧密的家庭关系为中心建立起来的。子女被认为属于家庭中母亲一方，而不是父亲一方。[2] 毫无疑问，赖特母亲家族对他的世界观的形成有重要影响。这种情况首先表现在赖特18岁时决定将其名字由弗兰克·林肯·赖特改为弗兰克·劳埃德·赖特，从此他成为这一家族的一名成年成员。

---

[1] Maginel Wright Barney, *The Valley of the God-Almighty Joneses* (New York, 1965). Book authored by Wright's sister.

[2] Secrest, *Wright: A Biography*, p.25.

劳埃德 · 琼斯家族合影，约 1883 年，麦迪逊，威斯康星州。未来的建筑师坐在空椅子的右侧。

赖特本来的名字林肯，大概是来自父亲，这个名字是当时儿童采用的非常普通的名字。1865 年，威廉 · 赖特在威斯康星州的朗 · 罗克高度赞扬内战结束后被刺的阿伯拉罕 · 林肯（Abraham Lincoln）总统。劳埃德 · 琼斯家族全力投身于反对奴隶制和废除奴隶制的事业，林肯的名字在多年之后一直萦绕在年轻的美利坚民族的灵魂之中。而弗兰克 · 劳埃德 · 赖特就是在反奴隶制的唯一神教教派传统的宗教信仰氛围中成长起来的。这种反奴隶制立场将赖特家族同其新英格兰的同代人，如小说家亨利 · 詹姆斯（Henry James）、哲学家和心理学家威廉·詹姆斯（William James）、最高法院大法官奥利弗·文德尔·霍姆斯（Oliver Wendell Holmes），以及美国先验哲学之父和奠基者拉尔夫·沃尔多·爱默生（Ralph Waldo Emerson）联系在一起。

当他们的农场房屋正在斯普林·格林附近的山谷兴建时，劳埃德·琼斯全家居住在朗·罗克附近的贝尔·克里克。安娜·劳埃德·琼斯在地区学校工作，而威廉·赖特是学校的管理人。家族中有一种说法，在威廉的前妻帕米利亚（Permelia）于1863年去世之前，安娜就寄居在赖特的家里。在他们的母亲去世后，威廉的三个年幼的子女查尔斯（Charles）、乔治（George）和伊丽莎白（Elizabeth）去到外婆家与外婆同住，直至安娜与威廉于1866年8月结婚。

威廉·赖特有英国贵族血统，他的家族声称是征服者威廉[1]的后裔，[2]他的父亲是一位浸礼教神父。威廉曾学习过医学，又通过法律考试成为一名职业律师，后来又成为一名风琴演奏家、乐师、键盘乐器教师以及教育者和公众演说家。

[1] 征服者威廉（William I the Conqueror，约1028—1087），法兰西诺曼底公爵，英格兰第一位诺曼人国王（1066—1087），1866年征服英格兰。——译注

[2] 同上，p.49。

威廉于 1859 年作为一名律师来到朗·罗克，后来被选为学校的管理人。当他见到安娜时，威廉正在学习牧师的职业知识，这样，牧师又成为他的另一种职业。在他们结婚时，安娜 28 岁，威廉 42 岁，后来他们有了 3 个子女，加上威廉前妻所生的 3 个子女，共 6 个子女。

1867 年 5 月，安娜和威廉把家搬到距斯普林·格林大约三十公里的里奇兰·森特，在这里威廉再次被任命为牧师，负责对中心浸礼会新建大楼工程的监管。一个月之后，他们的儿子弗兰克降生，其后几年中又有弗兰克的两个妹妹简（Jane）和玛吉内尔（Maginel）出生。作为不同社区的牧师，无论在政治生活、道德操守等方面，威廉·赖特都是一位受人爱戴的人士。威廉还是一位有才能的乐师，他的演奏受到人们的高度赞扬。他还是一位知名的演说家，他的演讲涉及广泛的主题。威廉是一位多才多艺的人，只要他专心去做的事，他几乎都能做好，从他的谋生经历中不断更换职业的事实可以清楚地看到这一点。

在其后的 10 年间，在赖特 2 岁、4 岁、6 岁、7 岁和 10 岁时，他的家搬了 5 次，依次是：依阿华州的麦克格雷戈尔（密西西比河岸边）、罗得岛的帕塔克特、康涅狄格州的埃塞克斯、马萨诸塞州的韦茅斯，最后迁至威斯康星州的麦迪逊。他们每次搬到一座新的城市，威廉总是有一种好的印象，而且往往有一个幸运的开头。然而，之后却出现他不能为其家庭提供足够经济来源的窘境，从而迫使他们很快再次搬家去寻找一个更好的机会。每一次搬家都经历着分别的苦痛，但也意味着去到新的地域结识新的朋友和面临新的机会。赖特学会了结交新的朋友，在新的环境中随遇而安，但这种新的人际关系却牺牲了个人资历的优势，而使他们经历着不同寻常的情感压力。

然而赖特家庭这时的境况与其他家庭的命运并无特殊之处。19 世纪 70 年代，美国处于严重的经济萧条时期，而芝加哥又在 1871 年发生大火，于是出现了大火之后的城市重建。小城镇往往不能为其教堂和牧师提供足够的资金和工资——尽管市民们有着善良的心愿。赖特的记忆中无疑有一个处于贫穷的童年：住在各式各样拥挤而矮小的房子里，淌着眼泪吃力地拉着风箱，他的父亲在教堂以弹奏风琴谋生。他经常可以看到“救济队”来往于社区之间，赖特家经常从竭尽全力救助市民的教区得到从馅饼到旧衣服这类的东西。

同其父亲生活的 18 年里，虽然生活是艰苦的，赖特却养成了对音乐深情而持久的喜爱和弹奏钢琴的出众才能。他把谱写乐曲理解为一种创造活动（童年时他看到父亲从钢琴和写字台间来回走动，嘴里衔着笔，弹着钢琴）。倾听父亲深夜里弹奏钢琴，他记住了巴赫（Bach）和贝多芬（Beethoven）的许多乐曲，白天他自己练习舒伯特（Schubert）、门德尔松（Mendelssohn）、车尔尼（Czerny）和其他作曲家的钢琴练习曲。在赖特整个青年时代，他的家庭一直处于贫困中，但即使家中没有别的东西，却总有一台钢琴。在他后来的生活中，当他处于一个陌生的地方，甚至在亚利桑那州沙漠中临时搭起的帐篷里，在制图板前彻夜工作之后，为消除疲劳，他总是以弹奏钢琴在众人面前展示其风采。正如赖特说到他的父亲，“他仍然离不开他的音乐，音乐总是给他以慰藉，当别的一切都已丢弃，音乐却是他的终生朋友”。[1]

赖特从他父亲那里继承了多才多艺的天赋、一种倔强的自恃和在公众面前似乎永不消退的自信。他的家庭频繁地从一个州迁徙到另一个州的童年经历，使赖特形成一种善于交结朋友和能够很快适应新环境的品格特征。赖特后来被认为

[1] Frank Lloyd Wright, *An Autobiography* (1932); ed. Bruce Brooks Pfeiffer, *Frank Lloyd Wright: Collected Writings, 1930—32* (New York, 1992), II, p.109.

是具有当代著名文化和政治人物那种感染力和征服公众的魄力的唯一的现代建筑师，而这种情况也与他童年形成的个人品格有关。另一方面，赖特也从其父亲那里继承了不善于管理家庭经济开支的弱点，他花钱奢侈而不是依需支出；他有一种夸夸其谈的性格倾向，时有歪曲事实真相之嫌和回避而不是面对困难局面的懦弱。

赖特从他的父母那里继承了不知疲倦的阅读习惯（书籍是这个家庭最宝贵的财产）。赖特曾回忆他所了解的作者和读过的作品，这些作者如爱默生、威廉·钱宁（William Channing）、西奥多·帕克（Theodore Parker）、亨利·大卫·梭罗（Henry David Threau）、约翰·罗斯金（John Ruskin）、约翰·沃尔弗冈·冯·歌德（Johann Wolfgang von Goethe）、亨利·沃兹沃思·朗费罗（Henry Wadsworth Longfellow）、珀西·比希·雪莱（Percy Bysshe Shelley）、埃德加·艾伦·坡（Edgar Allen Poe）、托马斯·卡莱尔（Thomas Carlyle）、爱德华·吉本（Edward Gibbon）、普卢塔克（Plutarch）、朱尔斯·韦尔纳（Jules Verne）、维克多·雨果（Victor Hugo）、詹姆斯·拉塞尔·洛威尔（James Russell Lowell）、威廉·布莱克（William Blake）、欧仁-伊曼纽尔·维奥莱-勒-杜克（Eugene-Emmanuel Violet-le-Duc），以及《天方夜谭》（*The Arabian*

Nights）（这时赖特为自己起的诨名是“阿拉丁”（Aladdin，《天方夜谭》中获得神灯的青年）和几十本“小图书馆”里的侦探小说、惊险小说和神鬼故事。

赖特早年喜欢把自己各式各样的新发明印刷或描绘出来（他同其住在麦迪逊不能走路的残疾朋友罗比·兰普（Robie Lamp）共同建立了一个印刷“公司”）。赖特曾在他早年的回忆中描述他经常描绘各种东西的情景；把发明的东西画下来，描绘自然界的东西，甚至他把绘画作为驰骋想象的途径——他总是在画这画那，尤其是在夜晚的灯光下。

赖特的多部传记中很少提到他的父亲对他的影响，而是强调他的母亲对其独生子成为一名建筑师的重要作用——包括在赖特降生前，就在他的摇篮前悬挂一幅英国哥特式教堂的蚀刻版画。在这个山谷居住的劳埃德·琼斯家族，对这位母亲的大哥托马斯——一位自学成才的木匠和建筑者——十分敬重。这种情况使建筑在这个家族中似乎成为一种高尚的职业，从而使安娜引导她的子女中的老大和唯一的儿子走上建筑事业的道路。安娜对弗兰克的成功人生抱有强烈的愿望，对他怀有过多的要求和期望，从赖特的幼年时代直至她去世，安娜对儿子做出的奉献令人感动。然而赖特最终继承了其父亲和母亲二人性格的优点和缺点。

不固定的和物质贫乏的家庭生活最终导致安娜和威廉婚姻状况的逐渐恶化。他们于1877年迁回麦迪逊后，这一迁徙可能得到了劳埃德·琼斯家族的支持，定居在这个谷地。威廉再次从事一系列显然是不太舒心的职业，其中包括建起一所音乐学校。赖特全家在麦迪逊居住达8年之久，这是他们在一地居住时间最长的地方。在他们到达麦迪逊不久，赖特父母的婚姻就开始出现破裂迹象。威廉无法提供安娜所希望的更多经济收入，从1883年起，安娜开始拒绝这种婚姻关系。在此之前的数年间，安娜就偏爱她自己的孩子，而不关照和疼爱威廉前妻所生的孩子。由于他们之间矛盾的加深和逐渐紧张的关系，威廉开始越来越疏远这个家庭。弗兰克认为，他父母之间经常发生的激烈争执，可能是由于他的原因，这是这种家庭关系中的一个典型问题。

他的父母最终于1885年离婚，赖特接受的是其母亲的说法，认为他的父亲抛弃了这个家庭；实际上确实是他的父亲提出了离婚，理由是其妻子对他的虐待和抛弃。在离婚诉讼中，威廉说，安娜曾说她憎恶威廉走过的地面，[1] 正是安娜对他的怀恨最终将他逐出家门。赖特从此以后再没有见到他

[1]　Huxtable, *Frank Lloyd Wright*, p.6.

的父亲，也没有于 1904 年在朗 · 罗克参加威廉的葬礼，只是在多年以后独自一人到墓地看过一次。安娜和她的三个孩子依然住在麦迪逊的老宅里，这里是距劳埃德 · 琼斯家族山谷 60 公里之外的门多塔湖边。大约就在此时，18 岁的未来建筑师更名为弗兰克 · 劳埃德 · 赖特。

在他的童年，每年夏天赖特都去看望住在威斯康星河岸边谷地的他的劳埃德 · 琼斯家族的亲戚。因此，在他 10 岁时，当他的家迁到麦迪逊，赖特对这一地区十分熟悉。自此以后，赖特每年夏天都在他的舅舅詹姆斯 · 劳埃德 · 琼斯的农场里干活。赖特曾回忆他在农场期间的辛苦劳作：早晨起得很早，整天辛苦劳动；他描述这种情况是“劳累加上劳累”。[1] 在他舅舅农场上 8 个夏天的劳作经历，这种艰苦的劳作使他永记不忘。劳作为他提供的长时间同大自然接触的机会，对赖特其后的人生具有深刻而持久的影响，形成他对大自然的热爱和对大自然潜在力量的敬畏。

伟大的自然界象征赖特心目中的教堂，是他在上帝创造物中膜拜上帝的地方。大自然将成为赖特所有作品的灵感源泉和衡量标准。赖特的这种人生信仰在他幼年时就被安娜

---

[1]　Wright, *An Autobiography* (1932); ed. Pfeiffer, II, p. 114.

最喜欢的莎士比亚箴言所强化；如《皆大欢喜》（*As You Like It*）中的句子："这就是我们的生活，远离人世的纷扰；树林在同你低语，小溪犹在朗读，岩石向你布道，万物之中都有美好。"[1] 作为安娜期望弗兰克成为一名建筑师的一种额外的激励，我们可以看到，上述莎士比亚的句子蕴涵着大自然是一切美好事物渊源的观念，而建筑的内涵则是"岩石向你布道"——对于像劳埃德·琼斯这样充满宗教氛围的家庭，这句话显然承载着深长的意蕴。

对赖特而言，山谷中的礼拜日使他从"劳累加上劳累"的状况中获得"救赎"，这时，清晨早起，从山坡上采集野花和枝叶，装饰家庭礼拜堂的祭坛，就成为他的任务和责任。他的舅舅詹金·劳埃德·琼斯（Jenkin Lloyd Jones），这时已成为远近闻名的唯一神教教派的牧师，他朗诵爱默生和梭罗的先验论经典著作，以及朗费罗（Lonfellow）和洛韦尔（Lowell）的诗歌。在此之前，孩子们唱起颂歌，然后，托马斯舅舅带着他们去到向四面八方延伸的树林和田野，在这里，他们开始野餐。

---

[1] Secrest, *Wright: A Biography,* p. 58 ; the quotation is from *As You Like It,* n.I. 15—17.

每年夏天，詹金·劳埃德·琼斯都在这个山谷撑起帐篷，举办唯一神教教派野外文化讲习会。这是一个教育界人士的集会，出席集会的是一些进步的政治活动家，如罗伯特·拉·福莱特（Robert La Follette）、居民点住宅建设者简·亚当斯（Jane Addams）、妇女参政运动领袖苏珊·B. 安东尼（Susan B. Anthony），以及一些宗教界领袖，如来自芝加哥的唯一神教教派领导人威廉·C. 甘尼特（William C. Gannett）。几年以后，赖特同甘尼特合作设计和印刷了《美丽的住宅》（*The House Beautiful*），这是詹金·劳埃德·琼斯关于这一主题的长篇演讲。年轻的赖特认为，劳埃德·琼斯家族所皈依的唯一神教教派，是在同当时其他教义竞争中企望强调“生活是神赐予人们的礼物这一思想”，和大自然是上帝完美创造物的范例。赖特是在唯一神教威尔士教派信仰的氛围中成长的，这一教派向往一种整体和谐的理想，即“万物的统一与和谐”。[1] 人类一切努力的初始与归宿都旨在达到真与美的境界——赖特在其以后的岁月，这样表达他对上述思想的理解。

赖特在其《自传》（*An Autobiography*）中回忆说，他对

[1] Wright, *An Autobiography* (1932); ed. Pfeiffer, II, p. 113.

自然的敬畏与统一和谐的理想，是如何由他的母亲通过对他传授福禄培尔（Friedrich Froebel）[1] 幼儿园教育而被强化和衍变为建构的方法。1876 年，当赖特全家住在马萨诸塞州韦茅斯时，安娜与她同为教师的姐妹简和内尔，参观了为纪念美国建国 100 周年而在费城举办的建国百年博览会。在这里，三姐妹认真参观了弗里德里希·福禄培尔幼儿园教育思想展览会。从费城回来不久，安娜又去波士顿，在米尔顿·布拉德利书店买到了福禄培尔的一套关于“才智”教育的著作，并用它来教育赖特家的三个孩子。这套书包括最重要的教育手册英文译本，该书于两年前的 1874 年出版。

福禄培尔早年在结晶学领域开始他的科学教育事业。结晶学是研究岩石结晶体构造的一种几何学。后来他从事建筑学研究两年，最终成为一名教师。从 1807 年至 1809 年，他同约翰· 裴斯泰洛齐（Johann Pestalozzi）[2] 合作，裴斯泰洛齐

[1] 福禄培尔（1782—1852），德国教育家，幼儿园创始人，建立学前教育理论体系。他倡导的幼儿园运动赢得了全世界的拥护和支持。——译注

[2] 约翰·裴斯泰洛齐（Johann Heinrich Pestalozzi，1746—1827），瑞士教育家，创办孤儿院，从事贫苦儿童教育，试图通过教育改善农民生活，其教育思想对近代西方初等教育的发展有深刻影响。——译注

创办的实验学校，强调通过儿童的自愿参与活动进行教育和学习的原则。这套教学手册描述了福禄培尔自己的教学方法，其中包括对儿童传授既富哲理又具形式排列原则的“才智”训练方法。这些方法和原则通过对 20 种“才智”的训练，如运用空间的和触觉的（而不是书写的）学习手段和工具来达到训练的目的，其中一些方法是福禄培尔在对结晶体的研究中发展起来的。福禄培尔对儿童“才智”的培养是通过预先规定的程序进行，理想的方法是从婴幼儿开始至 5 岁时完成整个教育过程，其教育的进度大致由儿童“才智”发展的状况而定。

赖特最初是在他 9 岁时，由其母亲开始对他进行福禄培尔“才智”教育以及管弦乐器演奏训练的。这种情况往往使人们对福禄培尔训练方式对赖特建筑才能的影响产生怀疑：如果对福禄培尔提出的 20 种“才智”和相应的训练方法，以及教育手册中对一切事物统一和谐的论述和不同自然形式的学习方法深入思考，人们就会清晰地发现，这种教育方法对 9 岁的赖特会比婴儿期赖特的影响要大得多。就赖特对自然的热爱、他在唯一神教和先验哲学的影响下成长起来，以及他喜欢在实践中学习的习惯而言，实际上 9 岁的赖特是福禄培尔训练方式的理想对象。与福禄培尔在其著作中介绍的从婴儿期进行教育的观点不同，赖特接受这种教育时的年龄，已经能够在教师的引导下充分理解各种图形和文字；这种图形和文字是他的母亲于每天下午在低矮的小桌上打开福禄培尔的教学手册教给他的。

最重要的是，福禄培尔的训练方法强调遵从自然学习的原则，这种关于学习的观点使赖特在其舅舅农场里所获得的人生经历得到加深和条理化。同样重要的是，福禄培尔的教学方法教会赖特如何去观察，如何去感悟潜在于现象背后各种不同的几何形状，如何去构建每一种自然的和人造的事物——从“有机的统一体”去观察每一种事物——正如福禄培尔在其教学手册中所阐述的那样。[1] 福禄培尔的训练方法旨在引导每一个孩子，通过他们自己运用其“才智”玩耍，从而使他们感悟到，一切事物中都潜藏着一种内在的相关性，一种潜在的关系——无论是物质的或精神的世界，既是独立的，也是统一的。正如福禄培尔写道，这是一种以非文字、非表现的方式进行教育的体系，依靠儿童自己动手达到自我发现。福禄培尔训练方式从“建立各种不同的空间关

[1] The Froebel quotations in this section are from Friedrich Froebel, *Selected Writings,* ed. I. M. Lilley (New York, 1898), pp.160, 98.

系”开始，其目的主要在于培养和开发儿童的分析思维。

赖特回忆，“用枫树木材制作的各种光滑积木建造房子，这种儿时的感受从未在以后的生涯中消失。于是，形式进入情感之中”。[1] 正如赖特在不同时期的回忆中所表明的，福禄培尔教育方法强调的是亲自动手的原则，这种突出色彩和形状的视觉要素同传统教学方法相比具有明显的优势。把积木用于儿童教育可能是现代世界人们所知道的关于福禄培尔教育方法的唯一内容，实际上这只是福禄培尔 20 种“才智”训练方法中的 4 种，其中数量最多的 9 种是关于编织方面的练习，包括板条与环圈的交错联结，纸条编织和缝纫等。通过基本的形式要素培养婴儿的平衡感，绘画、针刺小孔、木条镶嵌、用豆粒构成边缘，以及用黏土制作模型，可以根据自己的想象制作各式各样的东西。每一种学习实践都在老师的指导下，并为孩子们提供示范操作方法。另外，使用一个方形格纸或草垫作为练习操作的基底，以及让孩子们在方形格纸上绘制他们的建造物。

赖特的童年经历并不是个别现象。自 1860 年至 1920 年间，福禄培尔教育方法在欧洲被普遍推广，几乎影响着欧洲

[1] Wright, *An Autobiography* (1932); ed. Pfeiffer, II, p. 111 .

每一个国家的儿童早期教育体系。近来的研究表明，现代早期的许多艺术家和建筑师——作为学生或者作为教师——受益于福禄培尔的教育方法。这些艺术家和建筑师包括乔治·布拉克（Georges Braque，1882—1963，法国画家，与毕加索共同发起立体主义绘画运动）、皮特·蒙德里安（Piet Mondrian，1872—1944，荷兰画家，抽象派立体主义风格主要成员）、约翰尼斯·伊顿（Johannes Itten，1888—1967，瑞士表现主义画家、设计师，魏玛包豪斯学院重要教员之一）、约瑟夫·艾伯斯（Josef Albers，1888—1976，美国画家、美术理论家，曾任耶鲁大学美术系主任）、瓦西里·康定斯基（Wassily Kandinsky，1866—1844，俄国画家、美学理论家，曾任莫斯科大学教授，创立俄罗斯艺术科学院，1921 年离开莫斯科前往柏林）、保罗·克利（Paul Klee，1879—1940，瑞士画家，其作品用形、色、空间等直接表现个人情感，其绘画与理论对 20 世纪现代派艺术有重大影响）、瓦尔特·格罗皮乌斯（Walter Gropius，1883—1969，德国建筑师）、勒·科布西埃（Le Corbusier，1887—1965，瑞士建筑师）等。[1] 然而，关于福禄培尔教育方法的讨论及其影响，只在赖特的成长中

---

[1] Norman Brosterman, *Inventing Kindergarten* (New York, 1997), pp.104—31.

得到充分的记述；赖特在其自传中描述了他的童年经历，福禄培尔教育方法对他成为一位建筑师起到了重要作用。

赖特的童年与福禄培尔教育方法之间的关系，至少应被认为是一种不同寻常的、全面而有效的教育方法与令人惊奇、也许是前所未有的天资的偶然相遇。由于福禄培尔教育方法的启迪和熏陶，赖特对设计一个世界而不是表现它明显有着更大的兴趣——设计在这里应理解为对大自然的内在结构的感悟力和对其进行探索的不懈努力。赖特童年从其母亲接受的福禄培尔式的教育，在赖特早年形成的设计素养方面，无可置疑地居于突出的地位——尽管时有学者对此持怀疑态度。

赖特的上述经历，由于先验哲学的深刻影响而得到完美的补充。在研究赖特及其建筑设计时，重要的是应记住，尽管赖特于 1959 年去世，但他基本上是一位 19 世纪人士，在 20 世纪到来时他已经 32 岁，他的人生信仰和基本原则是在先验思想家哲学思想的全面熏陶中形成的，这时正是美国本土文化出现在美洲大陆的时代——在赖特出生时，美利坚合众国只有 91 年的历史。因此，赖特的作品不应被视为往往被人们怀疑的、理想缺失的 20 世纪的产品，而应被看作 19 世纪充满活力和富有乐观精神的美国先验论文化的产物。

先验论是自 1830 年至 1880 年之间主要盛行于美国新英格兰的一种唯心主义哲学学派，其最出色的代表是爱默生及其著作。爱默生[1]于 1836 年建立先验主义哲学会。美国先验主义的核心人物有爱默生、梭罗、帕克（Parker）、玛格丽特·富勒（Margaret Fuller，巴克明斯特·富勒的祖母）和布朗森·奥尔科特（Bronson Alcott）。但他们的思想也受到赫尔曼·梅尔维尔（Herman Melville）、沃尔特·怀特曼（Walt Whitman）与霍雷肖·格里诺（Horatio Greenouph）的影响，抑或说他们的哲学思想影响了赫尔曼·梅尔维尔等人的思想。他们固有的唯一神教传统开明的宗教观、他们对当代欧洲唯心主义哲学和威廉·华兹华斯（William Wordsworth，1770—1850，英国浪漫主义诗人）与柯勒律治（Samuel Taylor Coleridge，1772—1834，英国诗人和思想家）作品的认同、他们对非欧洲哲学，如具有不同传统的东方唯灵论的研究，以及他们基于各自固有的信仰和个人伦理直觉判断对当代社会的批判，使这些不同学派的思想家在

[1] 爱默生（Ralph Waldo Emerson，1803—1882），诗人，美国 19 世纪先验论运动领袖。接受康德哲学，强调人可以通过道德本性和直觉认识真理，为当时美国的思想运动指明方向。——译注

思想上得到了统一。

爱默生于 1836 年发表的论文《论自然》（“Nature”）是美国先验论原则的第一篇态度鲜明的宣言。在他的所有影响深远的论文中，爱默生坚持认为，由于人类的出现是大自然的成果，人类卓越而直感地遵循自然的各种规则：“……在我们拥有真理之前，它（真理）已存在于自然界的万物之中。”[1] 正如福禄培尔教育理论所阐明的，爱默生强调从自然界中不同几何形的内部探索其奥秘，“从可见现象中推导和论证不可见的真理。”在福禄培尔和爱默生哲学思想的影响下，赖特后来总是从自然中潜隐的不同几何结构的纯粹形式、清晰的目的和地域的完美契合，去分析自然条件和评价他的建筑设计。

先验论哲学家们认为，每一种有形物质都是观念思维的结论和成果，而它们又对观念思维具有重大意义。我们创造的各种形式反映着人们不同个性的直接影响。赖特后来对此有更加明确的阐释，他说：“……建筑师的道德过失是永恒

[1] The Emerson quotations in this section are from Ralph Waldo Emerson, *Emerson's Essays* (New York, 1926), pp. 241, 105, 166, 60—61, 35, 41.

的过失。”[1] 对先验论者而言，一切形式都具有道德意义，大自然则是其典范。爱默生认为：“……令人敬畏的大自然是律令的制定者，她的完美无缺则是我们偏离常规的严格规范。”因此，对于赖特而言，统一、和谐与自然秩序的哲学理想不仅仅是建筑设计的手段——它们理所当然地归属于世界观的一个组成部分。

一个处于发展、进步中的美国文化具有一种至关重要的特点，这一特点同工业时代控制和征服自然的文化特征相反，而是追求达到同自然的和谐相处。在赖特的一生中，展示了一种无限的自信，这种自信正是先验论思想家们的自信；他们坚信，美国的民主能够实现个人的解放，创造一种美国本土文化，以及各种进步力量的动态整合——上述一切都将出现在广袤的北美大陆上。查尔斯·奥尔森（Charles Olson）在对梅尔维尔[2]《莫比·迪克》（*Moby-Dick*）的研究中

---

[1] Frank Lloyd Wright, 'In the Cause of Architecture', *Architectural Review,* XXIII (1908), pp.155—221; ed. Frederick Gutheim (New York, 1975), p.123.

[2] 梅尔维尔（Herman Melville，1819—1893），美国后期浪漫主义小说家，其代表作有《白鲸》（1851）等。该书写船长埃哈伯为了追捕一条代表邪恶的巨大白鲸莫比·迪克，最后同归于尽。——译注

这样写道：

> 对于自弗尔萨姆洞窟[1]直至当今出生在美国的人，广袤的空间是一种重要的现实。我用大写字母来表现它，因为它在这里是阔大的。阔大而无怜悯和仁慈，它本质上是一个地理学概念，自始至今这是一处罪恶之地。美国大地上的核心区域是这无边无际的大草原，半是海洋半是平原，高悬的太阳像金属圆盘，冷酷无情有如铁铸的地平线，寻找一份工作将是异想天开。[2]

爱默生相信，个人在通过从经验获得的种种原则的规范下，能够影响文化与自然之间的整合，这是美国的希望和前途所在。爱默生的这一思想对赖特产生了深刻的影响。爱默生还认为，个人应集中运用自己的见识、直感和潜能："坚持发挥自己的创造力，永不模仿他人。运用一生培养起来的全部之力，在任何一刻都能发挥你自己的才智。"赖特常常

[1] 弗尔萨姆洞窟（Folsom cave），位于美国新墨西哥州。1926 年，考古学家在此发现古代印第安人狩猎文化遗存，约始于公元前一万年。——译注

[2] Charles Olson, *Call Me Ishmael* (San Francisco, 1947), pp. 11—12.

以旺盛的斗争意志和坚定的姿态去面对他在后来遇到的批评，这种情况可以直接追溯至爱默生思想对他的影响。爱默生说，“要想成为一个与众不同的人，他必须是一个颠覆传统规范的人”；“最终的神圣是你自己心灵的诚实和正直”。爱默生最启人深思的名言是：“伟大的人，必被人误解。”

然而，正如爱默生在其著作中所阐述的，这种对于个人经验的强调是一种乐观的态度，鼓励我们每一个人在历史中追寻人类存在现实中的基本原则，超越当代社会中的弱点，去寻找人性中本质的和不变的素质。爱默生的旅友梭罗说：“许多世纪以来的社会进步，对于人类存在现实规则的影响微乎其微。”[1] 爱默生的著作和先验论传统集中论述了个人经验的价值，而在赖特的作品中，却将居住者对建筑内部空间的体验置于最重要的位置。爱默生思想对赖特建筑设计的影响，在于强调对人们“日常生活的赞美”，在于强调我们同周围自然界的融合，以及“对人类经验的丰富”。[2] 被称为山谷族长、赖特的祖父理查德·劳埃德·琼斯于 1886 年去世，

---

[1] Henry David Thoreau, *Walden: or, Life in the Woods* (New York, 1985), p. 332.

[2] David Michael Hertz, *Angels of Reality: Emersonian Unfoldings in Wright, Stevens and Ives* (Carbondale, il, 1993), pp. 273, 286.

他的未出嫁的两个女儿、赖特的姑姑内尔和简继承了农场和家宅。同年，她们建立了山坡家庭学校，利用新建的唯一神教教派礼拜堂作为临时教室。可容纳 200 名膜拜者的唯一神教教派礼拜堂于 1886 年夏竣工，由芝加哥建筑师约瑟夫·莱曼·西尔斯比（Jose ph Lyman Silsbee）设计。西尔斯比同时还在芝加哥为詹金·劳埃德·琼斯设计了万灵教堂。赖特在此同时也为这座新教堂设计了一个方案，但他的舅舅选用了西尔斯比的设计方案，让赖特帮助监督唯一神教教派礼拜堂的施工。几年以后，赖特宣称唯一神教教派礼拜堂内部的许多部位，包括天花板的方形红、绿色嵌板是他设计的。

1886 年 1 月，在他父亲离去之后，18 岁的赖特作为一名特殊生被录取为威斯康星大学学生。在其后的两个学期，赖特选的课程有法文、英文作文、数学和土木工程。他还作为土木工程系艾伦·D. 康诺弗（Allan D. Conover）教授的半工半读生，在麦迪逊商业区实习。这时他的工作是监督校园内新科学馆大楼的施工，因此，科学馆大楼和唯一神教教派礼拜堂工程为赖特提供了最早的建筑经验。赖特回忆说，在大学的这段时间，他一方面贪婪地大量阅读，一方面去听康诺弗和斯托姆·布尔（Storm Bull）两位教授的课。他学习的课程有切体学（三维固体投影法，用以切割石料）、图解结构静力学、解析几何学和画法几何学——所有这些课程都离不开描绘和制图。

就在这一时期，赖特目睹一起建筑灾难。正在施工的麦迪逊州议会大楼的新增北侧部分突然倒塌，几名工人遇难。赖特回忆说，他目睹人们被倒塌的内部地板和柱子埋没，只剩下外部墙壁，一名工人被挤压在大楼的一侧，“喷出的红色血流”从石墙流下。这一灾难使赖特终生难以忘记，为此夜里经常做噩梦。大约在灾难发生的 45 年之后，他用第三人称写下了他对此的反应：“这一场景的恐怖永远不会从他的记忆中消失，直到今天仍使他心惊肉跳。”[1]

赖特后来说，他是在中学四年级时被录取进入威斯康星大学，实际上赖特决定离开麦迪逊前往芝加哥是在 1887 年的年初，这时他 19 岁。这是违反他母亲和舅舅意愿的。当时安娜给她在万灵教堂的弟弟写信，他回信说：“决不能让这个年轻人到芝加哥来。他应该待在麦迪逊完成他的学业，这样对他更好。假如他来到这里，他只会在讲究的穿着和女孩子身上浪费他的青春。”[2] 赖特认为这封信是对他的侮辱。

---

[1] Wright, *An Autobiography* (1932); ed. Pfeiffer, II, pp. 142—3.

[2] 同上，p. 145。

只在几天之后，他卖掉了他父亲留下的普卢塔克的《希腊罗马名人传》（这是他最喜欢的书）和吉本的《罗马帝国衰亡史》（他说他不喜欢这本书），以及他母亲缝在他一件外套上的貂皮领子，坐上开往西北方向的火车，离开了家乡，前往他称为“西方的永恒之都”[1] 的芝加哥。

[1] Wright, *An Autobiography* (1932); ed. Pfeiffer, II, p. 146.

第2章

芝加哥与实践的传统（1887—1893）

芝加哥。韦尔斯大街车站：1887 年暮春，6 时。

蒙蒙细雨。车站和大街上弥漫着弧光灯的灯光，眼花缭乱，脏乱丑陋。以前我从未见过电灯。拥挤的人群，冷漠，目不旁视……寒冷，潮湿，漆黑一片，蓝白混合的灯光，到处弥漫着刺眼的弧光灯光……芝加哥残酷的现实……喧嚣、纵横的格子状大街。脏乱……可怕，熙攘拥挤的盲目人群，假如这里有一种逻辑，谁能理解它？

这一丑陋和混乱的冷酷现实，是赖特于四十多年后在他的自传中描述的当年他初次到芝加哥时的情景。然而，在他来到这座城市的第一个夜晚，沿街徘徊中偶尔停留在一座转动铁桥上，正在此时，转动铁桥开启，让一艘装载粮食的拖船通过，赖特被这条芝加哥河“曚昽的美所陶醉”。[1]不久以后，他买了一张票，去看正在大歌剧院上演的音乐喜剧。这座歌剧院的内部建成于1880年，由丹克马·阿德勒（Dankmar Adler）建筑公司年轻的设计师路易斯·沙利文（Louis Sullivan）设计。[2]

赖特在这个城市度过他的第二天、第三天和第四天，在重建芝加哥的建筑师中为自己寻找一份工作。1871年4月9日的大火，烧毁了这座城市的大部分建筑物，现在它像要从大火的灰烬中重新站起的凤凰。这时芝加哥的重建工程，要满足自1880年至1890年10年间这座城市激增的两倍于前的人口的需要，而这些工程在此前的10年间持续的经济萧条结束后才有可能动工。

赖特拜访了普尔曼大楼的设计师索伦·贝曼（Solon Beman）所在的建筑设计公司，索伦·贝曼作为芝加哥郊外

---

[1] Frank Lloyd Wright, *An Autobiography* (1932); ed. Bruce Brooks Pfeiffer, *Frank Lloyd Wright: Collected Writings, 1930—32* (New York, 1992), II, pp.147—8.

[2] David Van Zanten, *Sullivan's City* (New York, 2000), p.23.

普尔曼（Pullman）新城的设计师，受雇于铁路大亨乔治·普尔曼（George Pullman）。[1] 在这里，有几千名工人以普尔曼列车车厢作为住处和工作场所。在他去 W. W. 博英顿（W. W. Boyington）的设计公司办事处的路上，赖特经过芝加哥农产品交易大楼，这是一座综合多种历史风格、灯光错杂闪烁的建筑物。赖特的立刻反应是："博英顿的设计。这种形象？——瘦胸、冷面、多棱角的怪物？此时此地，我绕过了博英顿的事务所。"[2]

赖特然后向威廉·列·巴龙·詹尼（William Le Baron Jenny）的设计事务所走去。詹尼于两年前建造了芝加哥第一座铁结构建筑：家庭保险公司大楼。詹尼是当时芝加哥唯一一位受过古典教育训练的建筑师，他于内战结束后不久来到芝加哥。内战期间，詹尼是威廉·特库姆塞·谢尔曼（William Tecumseh Sherman）[3] 将军工程军团的成员，他曾发

---

[1] 普尔曼（George Pullman，1831—1897），美国实业家，发明普尔曼铁路卧车，1867 年成立普尔曼豪华车厢公司。为其雇员提供住宿，在芝加哥市南建普尔曼小镇。——译注

[2] Wright, *An Autobiography* (1932); ed. Pfeiffer, II, p. 149.

[3] 谢尔曼（William Tecumsch Sherman，1820—1891），美国内战时期的著名将领，毕业于西点军校。1869 年，尤利西斯·格兰特当选美国总统后，谢尔曼担任陆军总司令。——译注

明钢梁桥交叉桁架部件，保证了北方联军在很快时间内建造起桥梁，使南方军队来不及拆毁，谢尔曼将军以闪电的速度让军队和军用物资通过道路崎岖地带，加快内战的早日结束。[1] 詹尼首先询问赖特是否是有绘图作品的工程师，并告诉他把他的绘图带到芝加哥建筑学会的下一次会议上，詹尼当时是这个学会的主席。

赖特写道，他当时拜访了 8 个或更多个建筑设计事务所，但都没有找到工作，最后他决定到约瑟夫·莱曼·西尔斯比（Joseph Lyman Silsbee）的事务所。西尔斯比是赖特家乡山谷中唯一神教教派礼拜堂和他舅舅詹金·劳埃德·琼斯在芝加哥的万灵教堂的设计师。赖特到芝加哥后的第一顿饭花去他积攒的 7 个美元的十分之一，他发誓不向他的舅舅詹金求助，也不用他的名字或他的关系求助于人。赖特后来说，他曾于前一年夏天，帮助西尔斯比设计了唯一神教教派礼拜堂的内部，可是令人不解的是，西尔斯比及其事务所的其他人这时都认不出他。西尔斯比很可能曾告知詹金·劳埃德·琼斯关于其外甥向他的事务所申请工作一事，而且见到

---

[1] Donald Miller, *City of the Century: The Epic of Chicago and the Making of America* (New York, 1996), pp. 335—8.

了这位有影响的牧师；他向赖特转告牧师对他的祝福。西尔斯比以每周 8 美元的薪酬接受了赖特的申请。一个礼拜之后，赖特的舅舅为他在附近找到一处寄宿处，这是詹金·劳埃德·琼斯第一次对这位年轻建筑师表示的善意。

西尔斯比愿意雇用有才能的年轻人。在此同时，除赖特被雇用外，还有乔治·马尔（George Maher）、乔治·埃尔姆斯利（George Elmslie）（后来成为草原学派的重要成员）和塞西尔·科温（Cecil Corwin）。科温是一位牧师的儿子，后来成为赖特最亲密的朋友和建筑实践中的伙伴。西尔斯比在绘图方面的天资首先吸引了赖特，使他大为震惊：当赖特来此接受面试时，看到这位建筑师的绘图钉在墙上，西尔斯比的笔触"像站立在田野的谷物，在微风中依依摆动"。赖特立刻"爱上了这个事务所的氛围"。[1] 这是既有绘图天资又在福禄培尔教育方法熏陶下成长的人产生的一种自然反应，因为根据福禄培尔的观点，"正是在绘画中，最能表现出儿童的创造才能"。[2]

西尔斯比的设计受到亨利·霍布森·理查森（Henry

[1] Wright, *An Autobiography* (1932); ed. Pfeiffer, II, pp. 165, 150.

[2] Friedrich Froebel, *Selected Writings,* ed. I. M. Lilley (New York, 1898), p. 115.

Hobson Richardson）木屋顶住宅建筑形式的影响。亨利·理查森被其同代人认为是美国建筑之父。这幅美如图画的建筑图纸有水平边饰，是木屋顶形式可塑性的直观表现。屋顶覆盖于墙壁和天花板之上，西尔斯比设计的唯一神教教派小礼拜堂是其一例。进入西尔斯比的建筑设计公司不久，赖特就将这一富有透视效果的图纸打印出版。赖特回忆他的雇主的设计过程说："西尔斯比首先拿到地面规划图，画出漂亮的草图，在心里形成某种具有魅力的图纸样式。然后将草图送到制图室，最后形成一座建筑物的形象。如果可能，将草图设计与地面规划相接近。"科温补充说："赖特对这样设计出来的图有浓厚的兴趣，而对其他的图不感兴趣。"[1]

赖特后来拒绝使用透视草图作为初始设计，而将透视图作为对设计的最后"验证"，这一思想来自维奥莱–列–杜克（Viollet-le-Duc）[2]的《建筑论》（*Discourses on Achitecture*）。赖特在麦迪逊期间就读过这本书，在赖特的著作中，认为该书

[1] Wright, *An Autobiography* (1932); ed. Pfeiffer, II, p. 152.

[2] 维奥莱–列–杜克（1814—1879），法国建筑师、建筑理论家，负责修复了许多中世纪建筑物，他的《建筑论》（1853—1872）对现代有机建筑理论和功能主义的发展影响很大。——译注

是“抽象的设计体系与视觉条件之间的罕见结合”。[1] 赖特是在西尔斯比的设计方法启发下得出上述结论。他还写道，在西尔斯比设计事务所期间，他“学到了许多关于美国住宅建筑的实践知识”，而且“通过塞西尔还从西尔斯比学到了大量关于住宅的知识”。[2]

在西尔斯比建筑事务所的后期几个月，赖特与科温成为亲密的朋友。在此期间在两位青年建筑师的照片中，赖特把他的大衣敞开，露出背心和直挺的领子，面对相机，而科温侧面站立，一只手放在赖特的肩上，不是面对相机，而是看着赖特。赖特在麦迪逊时留着长发，当时他的诨名叫“长发者”，这时剪成时髦的短发。工作之余，如果手头宽裕，赖特常同科温到附近的意大利餐馆就餐，如果囊中羞涩，就在普尔曼大楼内的小饭馆就餐。

就在这时，著名交响乐指挥家西奥多·托马斯（Theodore Thomas）同纽约爱乐交响乐团正在芝加哥歌剧节礼堂演出。西奥多·托马斯二十多年来在美国各地举行音乐会，获得了

---

[1] Joseph Connors, *The Robie House of Frank Lloyd Wright* (Chicago, 1984), p. 45.

[2] Wright, *An Autobiography* (1932); ed. Pfeiffer, II, pp. 172, 152.

赖特（左）和他的朋友、后来成为事业上的伙伴塞西尔·科温（右），约1888年。

公众的极大赞赏。而芝加哥歌剧节礼堂建在湖边规模宏大的全美工业博览会大楼内。1885年，由阿德勒和沙利文对这座建筑进行整修，使其音响效果能“对最微弱的声响”产生共鸣。[1] 赖特回忆说，在音乐大厅的后部，“设有舒适的德国风格的桌椅，提供各种饮食，我从未欣赏过这样的音乐会”。[2]

[1] Louis Sullivan, *The Autobiography of an Idea* (New York, 1924, repr. 1956), p. 293.

[2] Wright, *An Autobiography* (1932); ed. Pfeiffer, II, p. 154.

托马斯在芝加哥指挥的多场音乐会的成功，以及他的巡回演出的交响乐团，在此前的一年就打动了交响乐团的资助者费迪南德·佩克（Ferdinand Peck），佩克是芝加哥市建立者之一的后代。这时他来到这里为建筑芝加哥自己的音乐厅而同纽约大都会歌剧院一比高低。同时，芝加哥商贸协会财力雄厚的商业领袖们，也有把托马斯从纽约吸引到芝加哥来的想法。在这种情况下，产生了修建该市最宏大建筑工程的决定。舆论认为，这项工程将由该市最大的建筑设计公司丹尼尔·哈德森·伯纳姆（Daniel Hudson Burnham）和约翰·韦尔伯恩·鲁特（John Wellborn Root）两个公司承担。然而，该工程却由小得多且不出名的阿德勒和沙利文的公司负责设计。“因为这是佩克的工程，而佩克认为，阿德勒是美国最好的音响工程师和剧院设计者。”[1]

作为音乐厅大楼的主要设计者沙利文，在建筑领域的声名从此建立起来。这项工程于 1887 年初动工，这时与赖特到达芝加哥时几乎是同一时间。人们认为，这座音乐厅大楼“是 19 世纪芝加哥的重要建筑物，就像布鲁内莱斯基

[1]　Miller, *City of the Century*, p. 358.

(Brunelleschi)[1] 于 15 世纪建造的圆顶大教堂对佛罗伦萨同样重要。正如佛罗伦萨大教堂那巨大的圆顶，芝加哥音乐厅大楼在工程和艺术造型上也是一项巨大的挑战”。[2] 面对密歇根湖、位于议会大街和密歇根大道交叉处的这座音乐厅大楼，是一座多功能的宏大建筑，其中有容纳 4300 个席位的歌剧院，容有 400 个房间的豪华酒店和众多阔大的商业活动场所，所有这些建筑都被置于一座大楼之内。当大楼建成之后，处于最上部的望楼是芝加哥全市的最高点。

这座大楼富有创新精神的悬臂钢架基础，由阿德勒设计，用以解决芝加哥地区臭名昭著的泥泞土质的承载难题。看着这座正在兴建的大楼，赖特很快被吸引到阿德勒和沙利文的设计公司。经过三天三夜绘制图纸对沙利文复杂的装饰部分进行描述，从而证明他的设计能力，“有如激情之藤，枝叶葳蕤”。[3] 赖特于 1888 年离开西尔斯比事务所，在那里他每周薪水为 18 美元，而同沙利文一起工作，他的薪酬为每周

---

[1] 布鲁内莱斯基（Filippo Brunelleschi，1377—1446），意大利文艺复兴初期建筑师，其最大成就是成功地解决了佛罗伦萨大教堂圆顶的技术问题。——译注

[2] 同上。

[3] Wright, *An Autobiography* (1932); ed. Pfeiffer, II, p. 165.

25 美元，在公司大楼最高层阿德勒博登区的办公室工作。赖特在开始时被分配绘制音乐大厅内部设计图纸，很快他就投入到这座大楼装饰部分各个方面的设计：功能部分和音响部分的设计，以及大楼的创新结构部分的设计。处于学徒阶段的设计人员从事这样一些设计项目，这是当时世界任何地区都没有的现象。

路易斯·沙利文是爱尔兰移民的儿子，成长于波士顿，在波士顿他看到几座理查森最成功的正在兴建中的建筑，16 岁时他进入麻省理工学院。当完成学业离开学校后，他到了费城，在弗兰克·菲内斯（Frank Furness）的建筑事务所工作不久，由于 19 世纪 70 年代的经济萧条而被辞退。17 岁时，沙利文被芝加哥进行的伟大重建所吸引，而且现代建筑的重构理念也在这里悄然兴起。1873 年，沙利文受雇于詹尼的建筑事务所，在这里，他遇到了詹尼年轻的领班约翰·埃德尔曼（John Edelmann）。埃德尔曼把德国哲学和理查德·瓦格纳（Richard Wagner，1813—1883，德国作曲家、音乐戏剧家）的音乐介绍给沙利文。[1]

在詹尼的建筑事务所一年以后，沙利文前去巴黎的艺术

[1]　Sullivan, *Autobiography of an Idea*, pp. 206—10.

学院学习。然而他再次对学校的教学感到厌倦。在去罗马的游历中，沙利文独自一人坐在西斯廷礼拜堂前沉思了几个小时，他逐渐认识到，正如爱默生曾经说过，模仿不是通往真理的途径。回到芝加哥，在经济萧条时期，沙利文无法找到固定的工作，他开始自学土木工程学，尤其是学习美国著名的桥梁建造工程师们的著作。1880 年，他加入了阿德勒的建筑设计公司，成为该公司的首席工程师。三年以后，在他 27 岁时成为阿德勒的正式合伙人。实际上，像沙利文这样引人注目的早年成功现象在当时的芝加哥并不罕见；1880 年，芝加哥建筑师的平均年龄在 30 岁以下。[1] 当赖特于 1888 年作为一名工程师加入阿德勒和沙利文的设计公司时，他 21 岁，而沙利文只比他大 11 岁。

沙利文不仅是一位有着罕见天资的工程师，而且也是一位当时被称为具有“开阔眼界和倾向于形而上思维的人”。[2] 跟赖特一样，沙利文也是一位先验论传统的继承者，而且这时他已在深入研究各种自然几何学。如同许多先验论者，沙

---

[1] Miller, *City of the Century*, p. 303.

[2] Anonymous reporter for the *Daily Inter-Ocean,* quoted in Van Zanten, *Sullivan's City,* p. 15.

利文也深受霍雷肖·格里诺（Horatio Greenough）[1] 著作的影响。格里诺是一位美国雕塑家和散文作家，他一生的大部分时间是在罗马度过的。格里诺在其著作中充满激情地论述了现代建筑师同传统建筑形式的关系，他认为，从历史中吸取营养，建筑师必须“学习各种原则和规范，而不是对形式的模仿”。[2] 1850 年之前，格里诺已经清晰地论述了“形式服从于功能”的原则。他还认为，“在大楼建造中形成的许多原则可归结为有机的原则”。与其同代人福禄培尔有共同之处，格里诺倡导对大自然进行认真的学习，而后由心灵构建出不同的建筑形式：“不应将各种建筑功能强加于一般的建筑形式中，使外在形式去适应视觉或视觉联想，而不诉诸心灵的分析与整理；让我们将心灵作为核心而向外扩展来开始我们的工作。”

以心灵作为核心（“种子胚芽”）形成建筑设计的观念，有如逐渐绽放的花朵，这一思想对沙利文的建筑哲学至关重

---

[1] 霍雷肖·格里诺（Horatio Greenough，1805—1852），美国新古典派雕刻家，19 世纪美国重要艺术评论家。——译注

[2] All Greenough quotes are from Horatio Greenough, ‘Form and Function’, *A Memorial of Horatio Greenough,* ed. H. T. Tuckerman (New York, 1853); repr. in Lewis Mumford, ed., *Roots of Contemporary American Architecture* (New York, 1972), pp. 39, 36, 38 and 37.

要，也是他对格里诺针对美国建筑领域存在的弊端提出的批评进行补救的努力方向：

> 这个国家从未严肃重视其建筑领域的状况。我们把注意力集中于其他更为急需的方面，而满足于我们的建筑去引进欧洲的建筑理念和建筑形式，如同从欧洲引进时髦的服饰和娱乐的形式。[1]

> 沙利文深切感到缺乏一种真正的美国风格的建筑，然而在 1885 年，他却提出警告，反对急于将历史中的种种风格以“移植和嫁接”的方法引进美洲大陆。正如爱默生所言，沙利文认为，任何美国本土建筑应在地域特点的基础上，根据气候、地形，以及本地建筑方法的不同而有所变异。[2]

---

[1] All Greenough quotes are from Horatio Greenough, 'Form and Function', *A Memorial of Horatio Greenough,* ed. H. T. Tuckerman (New York, 1853); repr. in Lewis Mumford, ed., *Roots of Contemporary American Architecture* (New York, 1972), p. 33.

[2] Louis Sullivan, 'Characteristics and Tendencies of American Architecture' (1885), reprinted in *Kindergarten Chats and Other Writings* (New York, 1979), pp. 177 and 182—3.

由于在实践中深知美国建筑的状况，沙利文对当代美国的建筑教育提出了质疑；美国的建筑教育是在既定的古典风格基础上进行的学院式训练，这种状况将不可能在建筑人才的培养过程中形成形式服从功能的建筑理念，更不能以此发展和形成具有美国特征的建筑风格。沙利文认为，建筑人才教育应在大学阶段之前开始，培养他们所谓分析思维的一种“常识”，从他于 1901 年发表的关于这一主题的文章的题目“幼儿园的幼芽”（*Kindergarten Chats*），就可充分看出他关于建筑教育的思想。

在沙利文的著述中，他提出自然能够成为建筑中几何形式的渊源，从而形成芝加哥建筑领域的一项伟大发现——结构体系与装饰外观之间的对话。在此之前，芝加哥早期摩天大楼的出现过程中，一些历史学家常常讨论如何提高建筑物高度的问题，实际上首先要为建筑物内部空间提供更多的自然光源。这一问题推动了詹金和其他早期工程师们的研究工作。于是，先由铁制造薄的结构构架很快改为主要由钢制造。然而，沙利文认为，如果这种钢结构作为覆盖层，由整体装饰构成的建筑外表应体现静态结构的人性化效果，而不是强加于建筑的表面——这是使芝加哥钢结构摩天大楼成为一种真正的建筑工程所需经由的路径。

在赖特进入其建筑事务所之后，沙利文提出的建筑装饰理论与福禄培尔的教育理论有相似之处，它们都既是一种基本原理，又是一种构成方法。就在赖特进入阿德勒和沙利文的建筑事务所的那一年，他在万灵教堂图书馆内发现欧文·琼斯（Owen Jones）的《装饰初阶》（*The Grammar of Ornament*，1856，伦敦）一书，在此后的5年间，在沙利文和赖特于工作之余的谈话中，他们常常认真研究这本不同寻常的书。这本书中有从世界各地采集的几百幅装饰范样插图，他们体悟这些古代几何图形是如何结构和统一于一体的。琼斯、沙利文和赖特都具有凯尔特人血统这一事实，更使两位建筑师对来自他们认为被反复模仿殆尽的古代希腊和罗马西方传统之外的装饰图案有着浓厚的兴趣。他们尤其对凯尔特装饰图案有特殊的兴趣，在琼斯的书中，他说明这些图案是从东方带到爱尔兰，而那些伊斯兰图案是由方形、六边形、八边形和十二面体几何图形演变而来。

沙利文和赖特尤其在学术上成为亲密的朋友，这是赖特同其他建筑师之间从未有过的现象。对沙利文构成挑战的方面也是对赖特的挑战。赖特不是在学院背景下接受建筑教育，而是经由传统的实践途径，这同中世纪行会学徒制的训练方法相似。因此，正如赖特自己所言，这种情况使他成为

“一名运用铅笔的能手”。[1] 赖特的才智使沙利文能够拓展他讲课和撰写论文的理论范围。就在这一期间，沙利文同伟大的美国诗人、《草叶集》（*Leaves of Grass*）的作者沃尔特·惠特曼（Walt Whitman，1819—1892）常有书信往来。《草叶集》本来写于 1855 年，这时惠特曼正在修改该书，该书的新版于 1891—1892 年出版。沙利文认为，他的建筑思想和设计是积极阐释爱默生与惠特曼著作中的哲学理想。沙利文认为，他的自然与文化融为一体的建筑装饰理论，是发展美国风格建筑的关键所在。

在这个建筑设计所内，除了被赖特称为“可敬的大师”的沙利文之外，与他关系亲密的人还有保罗·米勒（Paul Mueller）和丹克马·阿德勒（Dankmar Adler）。米勒是来自斯图加特（Stuttgart）的一名青年工程师，后来承建了赖特设计的许多伟大工程；阿德勒则是他年长的工作伙伴和出色的工程师。阿德勒也曾是内战期间谢尔曼将军领导的著名工程军团中的一员。阿德勒后来被赖特认定为将“形式服从功能”的理论引进其事务所工作实践中的人，而不是沙利文；由于沙利文在讲课中经常提到这一观点，所以人们常常把他

---

[1] Wright, *An Autobiography* (1932); ed. Pfeiffer, II, p. 172.

同这一术语联系在一起。阿德勒对于建筑工程坚持的路向是创新和实验，这一点对赖特关于各种结构的理解影响很大，从而也强化了他对麦迪逊州议会大楼倒塌值得警惕的教训，以及在与他舅舅托马斯相处的岁月里形成的童年经历。赖特还从阿德勒学到关于声学的初步知识，使他更感到音乐在他一生中的重要性，也使他加深了他在不同场合聆听他的父亲弹奏风琴或钢琴所度过的那些岁月的记忆。在阿德勒身边的学习，使赖特在其后来的岁月中形成的关于结构和声学方面的异常才能似乎成为其直觉的发挥。

正是通过这位著名犹太教教士的儿子阿德勒，他的建筑公司从芝加哥的德裔犹太人社区接受了许多工程的委托。在19世纪的最后25年间，德国文化对芝加哥的影响很大，至1890年，芝加哥市100万人口中超过三分之一的人口是操德语的德国移民。这座城市有两种德语报纸，而阿德勒和沙利文设计的芝加哥音乐厅就是为上演德国作曲家理查德·瓦格纳的歌剧而建的，1892年施工的席勒（Friedrich Schiller，1759—1805，德国戏剧家、诗人和文学理论家）剧院也是为上演德国戏剧而建的。

正是赖特在阿德勒和沙利文设计事务所工作期间，德国建筑师、建筑学教师哥特弗里德·桑珀（Gottfried Semper）[1] 的建筑理论由德国移民弗雷德里克·鲍曼（Frederick Bauman）和他的同事美国人约翰·鲁特（John Root）介绍到芝加哥。曾提出一种建造大楼基础新方法的鲍曼，于 1887 年、1890 年和 1892 年的讲演中向芝加哥的建筑师们介绍了桑珀的思想。鲁特同 1912 年创办《诗歌》（*Poetry*）杂志的诗人哈丽雅特·门罗（Harriet Monroe）[2] 的姊妹结婚，是一位才智过人的设计师，也是沙利文尊敬的两位当代建筑师中的一位；沙利文尊敬的另一位建筑师是 H. H. 理查森（H. H. Richardson）。1889 年和 1890 年，鲁特出版了他与德国移民弗里茨·瓦格纳（Fritz Wagner）合作翻译的两部译作。弗里茨·瓦格纳是一位建筑物赤陶饰面专家，鲁特和沙利文都将这种饰面用于覆盖钢结构建筑的表面。在桑珀于

---

[1] 哥特弗里德·桑珀（Gottfried Semper，1803—1879），德国建筑师、艺术家，德国和奥地利新文艺复兴式建筑风格的主要实践者之一。他在《技术风格和工艺美术》一书中强调技术的合理性是风格的根源，并阐述了色彩在装饰艺术和建筑中的应用，具有深远的影响。——译注

[2] 哈丽雅特·门罗（Harriet Monroe，1860—1936），美国《诗歌》杂志（1912 年问世）创办人和主编。她及其《诗歌》杂志对现代诗歌的发展有很大影响。——译注

1869 年发表的论文《关于建筑风格》(*Concerning the Styles of Architecture*)中有关于建筑饰面的论述。[1]

桑珀关于建筑饰面的理论源于他的一种理解：他认为一切建成的建筑形式，如同纺织物——一种编织物，从而直接导致桑珀关于建筑饰面理论的形成。桑珀认为，建筑物屏幕似的墙壁，尤其是赤陶饰面（“焙烧土”）、岩石砌体和砖砌工程，被认为是一种覆盖其内部结构体系的织结手段。桑珀曾在 1851 年伦敦万国博览会的水晶宫内，看到来自特立尼达新世界岛屿的加勒比小屋模型，他以这种加勒比小屋为例，他说，这种原始建筑是经过四种不同的程序制作而成：第一，标出地面范围和建造地基；第二，平整土地；第三，竖起房屋构架；第四，用织结材料把墙壁和屋顶联结。桑珀以及沙利文和赖特的最终结论是：作为空间与材料的一种富有节奏的编织过程的建筑工程，其结构同诗歌、音乐和舞蹈一样，而比绘画或雕塑更为紧密与和谐。[2]

“织结”这一概念作为理解建筑结构的一种途径，反映

---

[1] Kenneth Frampton, ‘The Text-Tile Tectonic’, in *On and By Frank Lloyd Wright: A Primer of Architectural Principles,* ed. Robert McCarter (New York, 2005), p.172.

[2] 同上，p.176。

在沙利文和赖特的建筑设计和艺术学校培养的他们的同代人的建筑设计之间存在的区别上：这种区别不仅在于他们关于形式的语言表述，而且更重要的在于他们设计过程的特点。近来人们注意到，艺术学校所教的设计方法实际上根本不是设计程序，而是一种既定的组构程序，是建筑师口授的一种建筑形式，一种“艺术命令”。这种“艺术命令”是一种先入之见和既定先例，使用的材料都同设计没有任何关系。另一方面，沙利文和赖特从实践中获得的是一种“艺术训练或修养”，建筑师追求的是功能与形式之间的相互适应，使空间形式适宜于人的活动规律，以及设计中使用的材料性质与设计本身息息相关。[1] 在上述关于设计过程的描述中，如同在福禄培尔教育方法中，织结这一比喻用得很多，而在赖特后来对他自己的设计过程的描述中同样用到织结这一比喻。

1888 年初，这时赖特在阿德勒和沙利文的建筑事务所的地位已经确定下来，山谷中的山坡家庭学校的建筑工程已在进行中，这是赖特在此后 5 年间用以支撑他的总是在上升的经济开支的一系列“月光”工程委托的第一项。赖特在西尔

[1] David Van Zanten, ‘Kahn and Architectural Composition’, unpublished paper read 24 January 2004, ‘The Legacy of Louis 1 Kahn’, Yale University.

斯比建筑事务所工作期间，就为他小学时的老师、姑母简和内尔所在学校设计了整个工程的屋顶部分，像普通房屋一样的结构，既可作学生的宿舍，也可作为教室。赖特很快认识到，这所他首次完成的设计工程，其设计思想明显受到西尔斯比关于形式的语言的影响，以及他主张的公共机构建筑具有住宅建筑特征的设计倾向。詹金·劳埃德·琼斯的万灵教堂建筑也是其中的一例。

在此同时，赖特在他的舅舅的带领下来到万灵教堂内的讲述维克多·雨果（Victor Hugo，1802—1885，法国作家，浪漫主义文学的重要代表）《悲惨世界》（*Les Miserables*）的课堂上，他遇见了16岁的凯瑟琳·托宾（Catherine Tobin）。根据赖特的回忆，实际上是在这堂课结束后举行的化装舞会上，他和基蒂（Kitty）——她的父母这样称呼她——撞到一起。赖特把她扶起，次日晚上凯瑟琳的父母邀请赖特到家中进餐，赖特记得他在一个人回家的路上心神不定——他爱上了凯瑟琳。作为琼斯教区会众中家庭富裕的一员，凯瑟琳显然也被赖特——那位著名的牧师和社会领袖人物的外甥——深深打动。凯瑟琳是其父母的唯一女儿，是父母的骄傲和宽心丸，正如赖特也是其母亲最爱的儿子，直至这时，他们都在父母的宠爱中生活。他们的恋爱关系发展很快，但双方

赖特在橡树园的住宅，坐在门口台阶上抱着婴儿的是凯瑟琳·赖特、安娜·劳埃德·琼斯（凯瑟琳身后）和这位建筑师（右侧）。

父母都持反对态度。

这时，赖特的母亲和他最小的妹妹玛吉内尔来到芝加哥与他同住，这个家庭决定在离芝加哥商业区以西几英里的一个新开发的郊区橡树园定居下来。第一年他们作为寄宿者住在森林大街的一所红砖房子里，这座红砖房子的主人是安娜·赖特（Anna Wright）的一位朋友奥古斯塔·蔡平（Augusta Chapin），他是橡树园普济神教[1]教派教堂的一位牧师。尽管凯瑟琳的父母把女儿送出家门三个月，而赖特的母亲先是以婉转的方式劝阻儿子，后来又劝说凯瑟琳，但都无济于事：一对情人决定在凯瑟琳 18 岁时结婚。1889 年 6 月 1 日，外面下着倾盆大雨，他们结婚了。在婚礼上，凯瑟琳的父亲塞缪尔·托宾（Semuel Tobin）掉下了眼泪，安娜·赖特昏了过去。

在橡树园，邻近雷夫德·蔡平（Revd Chapin）的住处，赖特找到一处地面准备为自己建一所房子，这里面对森林大街处于芝加哥大道的拐弯处，并准备在旁边为他的母亲和两个妹妹建一座小屋。安娜同意把麦迪逊的房子卖掉，但是建房和购买家具，赖特需要更多的钱。截至这时，赖特已在阿德勒和沙利文的建筑事务所工作了一年。1889 年，他找到阿德勒寻求帮助，阿德勒同意与他签订 5 年的合同，周薪 60

[1] 普济神教（Universalism），一译宇宙神教，美国早期清教徒中的一个派别（约成立于 1789 年），该教派相信人类终将得救。现在该教派已归并于唯一神教。——译注

美元（这是芝加哥制图员最高的薪金）。沙利文借给他 5000 美元，在赖特的工资中分期偿还。买到房屋地基后，赖特剩下 3500 美元用以建房，但这已经超过预算 1200 美元，这一情况他没有告诉沙利文。

因为在这里有许多座教堂，橡树园被称为“圣者的宁息地”，是芝加哥发展很快的一处郊区。当时“郊区”（suburb）一词尚未出现，所以赖特把橡树园称为村庄（village）。赖特回忆说，这里的街道绿树成荫，“几英里长的树荫”；一排排并无生气的木屋，每座木屋都有一个门廊，“门廊上蠕动着形式多样的涡卷饰”，“拙劣的角楼”上有“烛花似的顶子”。[1] 橡树园也住有一些富裕和有进步倾向的家庭，为了逃避市区缺乏规划的混乱和当时芝加哥臭名昭著的质量低下的建筑而搬到这里。橡树园后来是恩斯特·海明威（Ernest Hemingway，1899—1961，美国小说家）的诞生地，这里也是赖特成长为一名建筑师的理想之地。现在看来，赖特在 22 岁时选择这样一个宁静的地方作为定居之地，是很有先见之明的。

赖特在橡树园简朴的房屋有着许多空间蕴涵和耐人寻味

[1] Wright, *An Autobiography* (1932); ed. Pfeiffer, II, pp. 157—8.

的细节。我们可以不无道理地说，这里将成为赖特正在形成中的建筑理想的地方。房屋的正面，如从森林大街看去，似乎有些简陋，但却令人难以忘怀；它有一个很大的金字塔形的山墙，上面全由木屋顶覆盖，悬浮在一个逐渐后移的入口上方；明亮的玻璃窗上光影交错，整个房屋建在岩石基础之上，四周的墙壁建在梯形平台上。

这所房子是一座当时流行的标准型家庭住宅，被称为“四方”式，因为房子基层的四部分基本空间（入口或台阶、起居室、餐厅和厨房）都处于一个方形平面上，中间是壁炉和炉边角落。房子的外部表面上是封闭密实的，赖特把通常用以分隔内部三个主要房间的大部分墙壁省去不用，一眼看去像是后来被称为开放型的设计方案。每个房间的门都用木条镶嵌至门的顶端，这些木条镶边上部直至天花板是封闭的，下至地板则是开放的。这样，家人在日常生活中进出于各个房间，围绕着中间的壁炉，整个房屋的各个空间单位被联结在一起。这种情况同当时西方住宅建筑的一般结构布局是不同的。

然而赖特橡树园房屋内部许多构成部分的排列方式，却同传统的日本家庭住宅建筑非常相似，包括用木条镶嵌的门边，壁炉处于房屋的中间部位。但是赖特首次看到日本建筑是在 4 年以后，那时他才真正熟悉日本传统家庭住宅建筑的结构方式，并据此为自己设计房屋。但赖特已经读过当时关于远东艺术和文化的出版物，远东艺术和文化当时在美国和英国都很时髦。更重要的是，世界闻名的日本传统文化主要权威人士，是西尔斯比的表兄弟埃内斯托·费诺洛萨（Ernesto Fenollosa）直接为赖特提供了有关方面的最新知识。[1]

在阿德勒和沙利文的建筑公司，赖特的才能从一开始就得到承认，在建筑公司搬到新近竣工的音乐厅大楼的塔楼顶层后，为赖特配备了一间自用办公室，同沙利文的办公室相对。除了音乐厅的设计工作外，赖特还负责公司承担的其他最重要的建筑设计，其中包括科罗拉多州的普埃博洛（Pueblo，印第安人的一个部落）歌剧院、杜利商业区、卡丽·格蒂坟墓、圣·路易斯市的温赖特大厦、席勒剧院及办公大楼、哥伦布世界博览会交通大厦、尚未兴建的秘密共济会庙宇、布伦斯威克·鲍克工厂、迈耶仓库、位于圣·路易斯市的夏洛特·温赖特坟墓、圣尼古拉酒店与维多利亚两座酒店、托拉斯联合大厦，以及芝加哥证券交易大厦的始建部分。

---

[1]　Kevin Nute, *Frank Lloyd Wright and Japan* (New York, 1993), p. 22.

除了白天的工作外，赖特还在晚间承担一些家庭工程，或称“月光”工程。他回忆说：“在我与阿德勒和沙利文一起工作期间，他们一般拒绝承建住宅工程。但是出于对一些重要客户的一种社会义务，他们的少数住宅工程不能拒绝，这些工程就由我在工作之余去完成。”[1] 因此，在密西西比州奥申·斯普林市为查利家族和沙利文自己所建的海滨度假别墅工程、为沙利文母亲建造的住宅，以及位于芝加哥阿斯特府邸的詹姆斯·查利住宅，主要都由赖特负责设计。

这一时期最大的建筑工程之一的查利住宅的设计，超过了比赖特更成熟的一些同代建筑师设计的同类城市住宅建筑，这些建筑师如理查森建筑设计公司被赖特称为“赛跑的精英们”麦基姆（Mckim）、米德（Mead）和纽约的怀特（White）。查利住宅的设计是一名 24 岁建筑师的惊人之作。赖特回忆说，在查利住宅门面的设计中，他“第一次体会到单调的表面所具有的装饰价值”，[2] 这一思想可能是由于约翰·鲁特于 1887 年对芝加哥年轻的建筑师们的一次讲演对他的启发。鲁特在这次讲演中说：“在每一座建筑中，表面的

---

[1] Wright, *An Autobiography* (1932); ed. Pfeiffer, II, pp. 174—5.

[2] 同上，p. 132。

价值怎样评价都不会过分，应为此而努力……”[1]

赖特还提到使他“感到压力的其他负担”，包括抚养他的出生于 1893 年之前的子女小弗兰克、约翰和凯瑟琳，以及他的母亲和两个妹妹。由于这种原因，自 1890 年，除了事务所交给他的“月光”住宅工程外，赖特还开始接受其他一些被他称为“私下交易”的住宅工程设计。这些工程包括为下列家庭建造的住宅：阿利森·哈伦（Allison Harlan）博士、乔治·布洛瑟姆（George Blossom）、沃伦·麦克阿瑟（Warren MacArther）、罗伯特·帕克（Robert Parker）、托马斯·盖尔（Thomas Gale）和罗伯特·埃蒙德（Robert Emmond）。虽然这些住宅是由赖特设计，但在当时的建筑工业出版物上却宣布为他的亲密朋友塞西尔·科温的作品，科温在不久前离开了西尔斯比建筑事务所。

这些住宅建筑相对而言都有一种沉静的、不事张扬的外表，而且内部空间却往往具有一种新颖和动态的结构布局。这种例子包括布洛塞姆住宅的十字形设计方案，这种设计方案是几年之后赖特的理想设计方案的前驱；麦克阿瑟住

[1]　John Wellborn Root, *The Meanings of Architecture: Buildings and Writings by John Wellborn Root*, ed. Donald Hoffman (New York, 1967), p.162.

宅的壁炉，这座壁炉处于两个主要房间中间，两边各有一条开放的通道，同赖特于 16 年后设计的罗比住宅完全一样。在这里，我们看到成为赖特一生中设计模式的最早一批范样：赖特首先在建筑内部空间建立起他的具有革命性意义的空间理念，而在以后的岁月才在建筑的外部表达了这些空间理念——其工作程序是由里向外扩展。

尽管后来他曾宣称从来不受同代建筑师的影响，一些现代建筑史学家也认为，赖特是空前的“新”形式的“创造者”。但实际上赖特的设计过程是在其他人工作的基础上发展起来的，在撰写关于他早期的独立工作时，赖特的态度非常明确，“我不能在一夜之间发明出自己的一套语汇”。[1] 赖特对这些住宅建筑的设计过程，是把那些被社会广泛承认的、比他年长的当代建筑师的设计成果作为自己设计的起点[2]。赖特改进和进一步完善了这些建筑师的建筑形式，其结果是，他的设计在质量上及其整体构成上大大超过了其“模型”，给人的印象是，似乎这些“模型”本来就应该如此。

赖特在将近四十年后写到，1893 年初，沙利文发现了他

---

[1] Wright, *An Autobiography* (1932); ed. Pfeiffer, II, p. 190.

[2] 这些建筑师一般是麦基姆、米德和怀特。——作者注

“私下”设计的住宅；经过短暂而激烈的争论[1]，赖特丢下铅笔，走出了这个建筑事务所。近来的研究表明，至少在他们之间矛盾产生的一年前，沙利文就知道关于赖特私自进行的工程设计，因为沙利文和他的兄弟都住在离哈伦·布洛萨姆和麦克阿瑟住宅很近的地方，在这些住宅建造时，沙利文不可能没有注意到这些与众不同的设计。[2] 也许他们之间有更多不愉快的往事，但赖特同沙利文的决裂是痛切的和令人遗憾的，从此以后，他们天各一方达 15 年之久。

[1] 阿德勒也曾试图参于其中。——作者注

[2] Patrick Pinnell, ‘Academic Tradition and Individual Talent’, in *On and By Frank Lloyd Wright,* ed. McCarter, p. 36.

第 3 章

白城与新世界的宏伟风格（1893—1899）

在阿德勒和沙利文的建筑事务所工作 5 年之后，赖特于 1893 年开办了自己的建筑事务所。事务所设在席勒大厦的顶层，所占空间与沙利文在音乐厅大楼顶层的事务所非常相似。赖特在西尔斯比建筑事务所时的老朋友科温也来到这里。1891 年建成的席勒大厦包括一个剧院、一处社会娱乐场所和多间办公室，以及塔楼上一个瞭望平台。这座建筑物主要由赖特设计，这在阿德勒和沙利文设计事务所可谓常规。正如赖特写道："沙利文很喜欢芝加哥席勒大厦的设计，因而让我为他设计在南方的新家住宅 [1]，而没有让别人

[1] 这里指赖特为沙利文在密西西比州的奥申·斯伯林设计的住宅。

设计。"[1]

在赖特的建筑设计中，他继续探讨平日在阿德勒与沙利文建筑事务所和"月光"工程中所进行的两项主要"使命"：通过建立新的建筑风格，对一种具有宏伟风格的建筑形式进行探讨和建立一种反映地域特点的建筑模式，"重塑"美国家庭单体住宅建筑形象——在当时，这是对企望寻求一种美国风格建筑的芝加哥建筑师们提出的最为紧迫的挑战。

赖特新的建筑事务所的第一个客户是温斯洛装饰铁工厂总裁威廉·H. 温斯洛（William H. Winslow）。温斯洛委托赖特在芝加哥郊区橡树园附近的里弗·福里斯特建一所住宅。在其后的 20 年间，温斯洛与赖特在许多方面都有相似之处：他们都是实业家，常常是为自己干活的老板，他们所从事的业务都属于制造业或者产业，他们往往是发明者。他们都认为，制造出有用的东西比单纯为赚钱更有意义。他们的家庭生活中离不开音乐和艺术，而且在他们的社会生活中支持音乐和艺术事业。在经济方面，他们持保守的观点，一般赞同

[1] Frank Lloyd Wright, *An Autobiography* (1932), in *Frank Lloyd Wright: Collected Writings, 1930—32,* ed. Bruce Brooks Pfeiffer (New York, 1992), II, p.185.

共和党的政策，但是他们不愿仿效该市商业大亨们传统住宅的风格。他们都是妇女参政的积极支持者。[1] 赖特与其客户的这些共同之处往往导致他们在业余方面进行合作，例如，赖特为雷弗德·W. C. 甘尼特的《美丽的住宅》（*The House Beautiful*）一书设计了许多复杂的装饰页，这本书于 1896 年在温斯洛的地下室印刷问世。

温斯洛住宅的设计方案是赖特橡树园住宅方案的进一步发展，屋内中心部位有一个细部华美的壁炉和壁炉周边空间，在壁炉周围有书房、入口大厅、起居室和餐厅，其空间序列直达突出于住宅后部的半圆餐厅，窗户的玻璃都由铅条镶嵌。作为赖特独立工作后设计的第一栋住宅建筑，自然引起人们的注意。房屋后部的马厩、后来的汽车库部分的设计，是赖特对草原建筑平面图和立视图早期语言的初始探讨。马厩并不是作为房屋主体部分以相同的形式要求而设计的，但它无疑为赖特提供了一个实验的极好机会。

温斯洛住宅的正面，用平整的砖砌筑的基部直达一层窗台，窗户上都有水平的瓷砖饰带，上面有宽阔的屋顶，这些

[1] Leonard Eaton, *Two Chicago Architects and their Clients* (Cambridge, ma, 1969), pp. 25—63.

设计显然是其后进一步发展的草原建筑风格的前驱。然而，这座住宅的设计也同赖特熟悉的且于新近竣工的一座建筑十分相似，这就是于同年在芝加哥开幕的哥伦布世界博览会的土耳其国家分馆建筑。

19 世纪最后的 25 年间，以芝加哥摩天大楼和中产阶级单体家庭住宅这种具有地域风格的建筑，同主要在纽约和波士顿由艺术学院毕 业的建筑师设计的所谓具有“世界性”的学院派古典风格建筑之间，一直处于相互竞争扩大各自影响的局面。两个学派之间的斗争所涉及的主要问题，是建立一种具有宏伟风格的建筑形式，从而与新崛起的世界大国的美国相匹配。哥伦布世界博览会对改变这两种思想学派力量的对比起到了巨大作用。经过激烈的竞争，芝加哥学派于 1890 年得到了社会的承认。

为博览会工程举荐的第一位设计师是弗雷德里克·劳·奥姆斯特德（Fredrick Law Olmstead）。奥姆斯特德是美国最伟大的园林设计师。虽然“记忆中哥伦布博览会是历史上展示最壮观建筑工程的博览会，但实际上它给人印象最深的设计成就，是奥姆斯特德与鲁特（伯纳姆的合作者）将密歇根湖边没有任何价值的星散沙地和沼泽地”改造成具有艺术魅力的杰克森公园，使之成为美国最美丽的市郊园林景观之一。[1]

丹尼尔·伯纳姆被任命为哥伦布世界博览会工程总指挥，使芝加哥建筑学派马上感到一种打击的是，伯纳姆为博览会主要建筑工程选用的工程师全部是艺术学院培养的来自东部的人：美国建筑师学会的创立者和主席理查德·亨特（Richard Hunt），麦基姆（Mckim）、乔治·波斯特（George Post）、亨利·凡·布伦特（Henry Van Brunt）、他们的合伙人罗伯特·皮博迪（Robert Peabody）和约翰·斯特恩斯（John Stearns）。为回应芝加哥方面的极大愤怒，尤其是来自博览会工程的主要资助者、芝加哥工业界领袖们的愤懑，伯纳姆将贝曼（普尔曼的建筑师）、詹金和阿德勒与沙利文增加到这个设计班子。尽管主要由于芝加哥当地的政治压力而作出了上述调整，但普遍认为，这是芝加哥建筑学派、尤其是沙利文的影响正在消退的标志。沙利文似乎感到了这种情况，在他作为“秘书”参加的博览会建筑师设计会议上，在长时间的沉默后，沙利文以尖刻的讥讽发表了自己的意见。最后，沙利文被指定承担交通大厦建筑工程的设计。交通大厦

[1] Donald Miller, *City of the Century: The Epic of Chicago and the Making of America* (New York, 1996), pp. 380—81.

位于被迁移的荣誉厅的地址上，这座意大利文艺复兴风格的建筑成为哥伦布世界博览会的中心景观，也是博览会建筑群之名白城的来源。

赖特来到芝加哥之前的1886年，芝加哥已成为美国激进主义、无政府主义和商业联合主义的中心。同年，芝加哥发生了秣市骚乱[1]，游行中的工人与保护该市商业利益的警察和军队发生冲突。这时一枚炸弹在警察队伍中爆炸，警察向工人开了枪。哥伦布博览会在许多方面都可被认为是对这一悲剧的回应。“1893年，芝加哥发生的19世纪最大规模和震惊人心的市民大游行，不应视为偶然事件。正是1886年该世纪最令人恐怖的城市骚乱，动摇了芝加哥社会的根基。”[2]

哥伦布世界博览会建筑工程所涉及的事件是不同寻常

---

[1] 秣市骚乱（Hayarket Riot），1886年5月4日发生在芝加哥市的警察和劳工抗议者之间的武力对抗。是年5月3日，在警方干涉麦考密克收割机械公司的一场罢工过程中，有6人被枪杀。在警察赶来驱散劳工抗议集会期间，一枚炸弹炸死了7名警察。别的警察开了枪，而扔炸弹的人始终未被确凿地指认出来。结果7名劳工领袖被判有谋杀罪，其中3人被判绞刑，一人自杀身亡，其余3人被伊利诺伊州州长赦免。——译注

[2] Donald Miller, *City of the Century: The Epic of Chicago and the Making of America* (New York, 1996), p.476.

的。如果没有几乎可被称为超人的伯纳姆（Burnham）的多方努力，这项工程几乎无法完成。伯纳姆坚强的意志力使这项工程在 20 个月内竣工，而且工程在一系列灾难性的挫折中进行。对大多数人而言，其中任何一种挫折和困难都可能会彻底摧垮他们。伯纳姆首先遇到的也是最大的打击是他的伙伴芝加哥首席设计师和建筑理论家约翰·鲁特于博览会工程尚未开始前因肺炎去世，年仅 40 岁。在 685 英亩的工地上进行的博览会工程中，有 100 多万株树木、灌木等植物要种植。36000 辆运输建筑材料的列车车厢要进入专线轨道上，为 200 多个单体建筑物提供物资和材料，其中包括当时世界上最宏大的建筑物，要雇用好几百工人，在他们中有沃尔特·迪斯尼（Walt Disney）的父亲。[1]

就在哥伦布世界博览会工程进行期间，芝加哥出现了一种前所未有的建筑工程急速发展局面，其中包括芝加哥艺术博物馆。该馆成为美国每年吸引参观者最多的博物馆，以及新建芝加哥大学的第一批建筑物，这所大学很快成为美国最引人瞩目的大学之一，成千上万的青年人来到芝加哥在白城

[1] Donald Miller, *City of the Century: The Epic of Chicago and the Making of America* (New York, 1996), pp. 381—4.

内工作，或者在全市迅速建起的几百座其他大楼内工作；还有许多人到为博览会工作人员服务的一些商业机构寻找职业。博览会于1893年向社会开放后的一年间，吸引了大约2700万参观者，其中有1400万参观者来自美国以外的国家，使芝加哥“成为美国历史上吸引旅游者最多的城市”。[1]

在大量人口进入这座城市后，许多事件在芝加哥发生，其中包括1893年9月召开的世界宗教大会，这是世界范围内一百多位不同信仰的宗教领袖的一次聚会。大会期间，每天都举行两次报告会和讨论会，共有4000人出席。大会一切活动的组织者詹金·劳埃德·琼斯于同年出版了《世界宗教》（*Religions of the World*）一书。世界历史学家大会邀请威斯康星大学教授、后来成为社会进步人士领袖的弗雷德里克·杰克森·特纳（Fredrick Jackson Turner）[2]来到白城，在这里，特纳以“美国历史上前沿领域的伟大意义”（The

---

[1] Donald Miller, *City of the Century: The Epic of Chicago and the Making of America* (New York, 1996), p. 488.

[2] 弗雷德里克·杰克森·特纳（Frederick Jackson Turner，1861—1932），美国著名学者，威斯康星大学、哈佛大学教授，曾任美国历史学会主席（1909—1910）。提出每个时代都以自己的面貌改写历史。所著《地区在美国历史中的重要性》于1933年获普利策奖。——译注

Significance of the Frontier in American History）为题发表演讲。他说，这一前沿领域是“个人主义”“依靠自己”和“创造发明”的源泉；美国民主“源自森林，而每当接近一个新的前沿领域，美国民主就会获得力量”。这一思想在赖特的一生中具有重大意义。[1]

这一期间来到芝加哥的人中，有一个自称 H. H. 福尔摩斯（H. H. Holmes）的人，是美国第一个城市杀人惯犯。他在恩格尔伍德第 63 大街和华莱士大街交会处建了一座叫作“城堡”的恐怖住宅。他宣称，在哥伦布世界博览会期间及其以后，他已杀死多达 100 人，其中大都是来到这座城市寻求更美好生活的年轻女性。[2]

在参观白城期间，赖特有机会仔细研究被称为“凤凰大厅”的日本风格建筑，其中心主楼是在京都附近宇治平等院的凤凰庙基础上建筑而成。内部结构和外部两翼具有日本贵族传统宅第建筑风格。这一建筑的设计图在 1892 年 12 月的

---

[1] Quoted in Henry Steele Commager, *The American Mind* (New Haven, ct, 1950), p. 396. Also cited in Alvin Rosenbaum, *Usonia: Frank Lloyd Wright's Design for America* (Washington, dc, 1993), pp. 34—5.

[2] Erik Larson, *The Devil in the White City* (New York, 2003). Also a riveting account of Burnham's direction of the construction of the Exposition.

芝加哥《内陆建筑师》(*Inland Architect*) 上发表。在芝加哥，这一建筑由来自日本的受过传统训练的木工建造，其建造方法曾在报纸上刊登，并在建成后向公众开放。在建造期间，每天有 10 000 人参观博览会。作为博览会交通大厦工程的建筑师，赖特从工程之始就可进入白城。

凤凰大厅建筑对赖特立刻产生了影响，赖特将其结构中的众多方面吸收为自己的设计要素，其中包括十字形方案，水平对称要素，在连接门上横梁下可开可闭的屏幕式墙壁，没有固定的内部房间分隔，突出于屋上的悬壁式阳罩，屋内中间墙壁上的壁龛，赖特把这里作为壁炉的位置。有趣的是，这种把庙宇和住宅融为一体的建筑形式，启发赖特“以庙宇形式的住宅来适应人们传统的家庭生活——围绕‘祭坛’或者说中央壁炉进行设计的建筑理念”。[1]

除了凤凰厅对 25 岁的赖特产生了直接影响外，在博览会便览中为凤凰厅撰写说明的冈仓觉三 (Okakula Kakuzo) 曾出版一本称为《茶书》(*The Book of Tea*，纽约，1906) 的书，该书也对赖特产生了很大影响。哥伦布世界博览会及日本建筑，也引起芝加哥美国的日本艺术和建筑权威们的注

[1] Kevin Nute, *Frank Lloyd Wright and Japan* (New York, 1993), p.68.

目，其中包括西尔斯比的表兄费诺洛萨（Fenollosa）和爱德华·莫尔斯（Edward Morse）。莫尔斯是很有影响的《日本家庭及其环境》(*Japanese Homes and Their Surroundings*，伦敦，1885）一书的作者，书中有大量关于日本传统住宅建筑的线描图。如同博览会的大部分建筑，1894 年，凤凰厅最终没有拆除，也没有被火烧毁，它们依然矗立在湖边岛上，直至 1946 年，这时赖特已近八十岁。[1]

在哥伦布世界博览会开幕和赖特创办他的建筑事务所的同年，他应邀到一位朋友也是他未来经常打交道的客户爱德华·沃勒（Edward Waller）家中做客。沃勒是一位投资房产的银行家，其房产如詹尼家庭保险公司大楼、鲁特·莫纳德诺克大楼和鲁克利大楼。沃勒住在里弗·福里斯特，他家所在的大街对面恰好是温斯洛的住宅。在这里，赖特见到了“丹大叔”伯纳姆（‘Uncle Dan’ Burnham）（刚刚完成哥伦布世界博览会的工程，仍在寻找一位替代约翰·鲁特的设计师），他曾对沃勒说，赖特设计的温斯洛住宅“从基层到屋顶都是一座有绅士气派的住宅”。赖特在近四十年后带着一种类似魔鬼还想成为基督的语气说：饭后，他同沃勒和伯纳姆在“舒

[1]　Kevin Nute, *Frank Lloyd Wright and Japan* (New York, 1993), p.68.

适”的书房密议；伯纳姆，这位也许是当时美国最有势力的建筑师，愿意为他提供一笔令人难以置信的资金，送他到巴黎的艺术学院学习 4 年，然后再到罗马生活和学习两年，其间的全部费用及其全家的生活费用都由伯纳姆支付。从罗马回来后，赖特将作为首席设计师在伯纳姆的建筑事务所工作。

赖特心想，这项资助慷慨大方，十分诱人，但也是可怕的。因为这项慷慨的资助虽是财富的来源，但正如伯纳姆所言，它也将由于古典风格的白城建筑的成功而改变美国建筑领域的发展趋向。经过痛苦抉择的过程，赖特谢绝了这一资助。他说，沙利文已经使他对艺术学院没有好的印象。赖特认为，当时几乎所有伟大的建筑师并不对古典风格持肯定态度，他们的观点是同伯纳姆相左的。赖特回忆说：“假如鲁特尚在，我相信他不会认为这条路是正确的。我肯定，理查森也决不会走这条路。”我们可能会怀疑，赖特在这种情况下会提到伯纳姆刚刚失去的伙伴的名字，但这项资助被谢绝却是明确的事实。赖特在与伯纳姆分手时作了这样的解释：“我已经被惯坏了，首先是我的出身，其次是我受的教育，再就是我的信念。”[1] 赖特在这里涉及他一生中所受到的三种

[1] 现在看来，这一点是由于压力而说出。——作者注

重要影响："出身"于劳埃德·琼斯家族；"教育"来自沙利文；"信念"是学习爱默生著作的结果。[1]

在当时的芝加哥，做出拒绝伯纳姆资助的选择肯定会被认为是一个令人吃惊的愚蠢选择，即使对赖特也似乎是这样。在哥伦布世界博览会开幕前，一场美国历史上最严重的经济大萧条已经开始；300 万人失业，150 条铁路停运，16000 家企业倒闭，其中包括伊利诺伊钢铁公司这样的大型企业。在芝加哥，20%的工人失业，10%的居民每天都在饥饿线上挣扎，成千上万的商店和办公室空无一人。在所谓"乌托邦"的普尔曼小镇，房租和食品的价格持续上涨，而工资却被削减。从 1894 年 5 月至 7 月，由于普尔曼铁路工人罢工，全国铁路停运，整个国家处于瘫痪状态，后来由于联邦政府出兵干预，罢工才被平息。

在此期间，芝加哥的大街成为一种全新的报纸作家的训练基地：这些作家就是所谓"调查记者"。他们是斯蒂芬·克兰（Stephen Crane，1871—1900，代表作品《红色英雄勋章》）、西奥多·德莱赛（Theodore Dreiser，1871—1945，其小说《嘉莉妹妹》《美国的悲剧》被称为文学创作上的里

[1] Wright, *An Autobiography* (1932); ed. Pfeiffer, II, pp. 187—9.

程碑）、林肯·斯蒂芬斯（Lincoln Steffens，1866—1936，新闻记者、政治哲学家，西奥多·罗斯福总统所称的“黑幕揭发者”中的一位重要作家）、雷·贝克（Ray Baker，1870—1946，新闻记者，著名随笔作家）、乔治·埃德（George Ade，1866—1944，剧作家、幽默作家）、杰克·伦敦（Jack London，1876—1916，小说家，其作品以浪漫主义手法描写争取生存的原始斗争）、弗兰克·诺利斯（Frank Norris，1870—1902，小说家，其作品促成了美国自然主义流派的形成）、雅各布·里斯（Jacob Riis，1849—1914，新闻记者、社会改革家，1890年出版的《另一半人怎样生活》中如实描述了贫民窟，震撼了美国人的良知）、罗伯特·帕克（Robert Park，1864—1944，社会学家，社会学“芝加哥学派”代表人物之一，以研究非洲裔美国人的生活和人类生态学闻名）和彼得·芬利·邓恩（Peter Finley Dunne）[1] 等人，都在芝加哥开始了他们驰骋文坛的人生。邓恩以“杜利先生”为笔名，以辛辣的讽刺批评城市生活、肮脏的政治交易和社会的不公

[1] 邓恩（Finley Peter Dunne，1867—1936），美国新闻工作者和幽默作家。1892 年开始在《芝加哥晚邮报》发表小品文，他塑造了一个朴素的哲学家杜利先生的形象，共写有 700 多篇小品文。——译注

平。邓恩的杜利先生是一个虚构的爱尔兰酒吧侍者，用爱尔兰土腔对涉及芝加哥贫苦工人阶级的大事小事进行评论。他说，报纸的办报宗旨“应是抚慰那些生活中深受折磨的人，去折磨那些养尊处优的人”。[1] 赖特的次子约翰·劳埃德·赖特回忆说，他父亲喜欢向全家人高声朗读杜利先生的评论，“读着读着，赖特就开始激动起来”，接着，他开怀大笑，常常不能读完。[2]

威廉·斯特德（William Stead）[3] 当时是一位世界上非常有名的记者和道德革新者。在哥伦布世界博览会闭幕后，他从伦敦来到芝加哥研究美国报界的状况。白城与被他称为“黑城”的芝加哥贫民窟之间强烈的对照使他感到震惊。斯特德开始投入他对该市穷人生活状况的首次广泛调查。1893 年 11 月，在召开了一次不同寻常的民众大会后，斯特德建立了“驱逐撒旦出芝加哥”的市民同盟，其成员包括社

---

[1] Miller, *City of the Century,* p. 527.

[2] John Lloyd Wright, *My Father Who is on Earth* (New York, 1946); repr. as *My Father, Frank Lloyd Wright* (New York, 1992), p. 30.

[3] 威廉·斯特德（William Thomas Stead，1849—1912），英国记者、主编和发行人。创建著名的《评论的评论》月刊（1890）。他的报纸宣传促进了许多改革，包括英国海军防御力量的改进。——译注

会改革家简·亚当斯（Jane Addams）和詹金·劳埃德·琼斯，以及实业界的领袖们，如百货公司巨头马歇尔·菲尔德（Marshall Field）、收割机制造者的后嗣小赛勒斯·麦考密克（Cyrus McCormick，Jr.）。1894年2月，斯特德出版了他的著作《假如基督到过芝加哥》（*If Christ Came to Chicago!*），该书的内容是激进的宗教和政治交织在一起，成为当时芝加哥革新运动的重要催化剂。[1]

芝加哥依然是一个繁荣的商业中心城市，这种繁荣很大程度上可以归功于斯特德和其他人报道过的不公平现象。每天早晨，赖特的业务客户照例去到他们在这座城市的工作岗位，为了同他们见面，赖特在25年间坚持在芝加哥商业区设立一处事务所。1896年，塞西尔·科温离开芝加哥，赖特把建筑事务所从席勒大厦迁至斯坦韦大厦，这里成为一批青年建筑师的工作场所；这些青年建筑师有罗伯特·斯潘塞（Robert Spencer）、迈伦·亨特（Myron Hunt）、乔治·迪安（George Dean）、理查德·施密特（Richard Schmidt）、沃尔特·伯利·格里芬（Walter Burley Griffin）、艾伦和欧文·庞德（Allen Pond and Irving Pond）兄弟和德怀特·帕金斯（Dwight

---

[1] Miller, *City of the Century,* pp. 533—7.

Perkins）。他们和赖特都是芝加哥建筑俱乐部的成员，他们经常在午餐时刻汇聚帕金斯的办公室，讨论建筑以及与此有关的论题，如赫伯特·斯宾塞（Herbert Spencer，1820—1903，英国哲学家、社会学家）的社会达尔文主义理论，亨利·乔治（Henry George，1839—1897，美国土地改革论者和经济学家）单一税制思想，进步政党的政治命运，以及像威斯康星州的罗伯特·拉·福利特（Robert La Follette）这样一些政治家，都是他们的论题。[1] 这些青年建筑师们——当时 29 岁的赖特也参与他们的讨论——都受到沙利文的影响，后来他们被称为“草原学派”。

我们已经知道，赖特和沙利文都有为年轻的民主美国建立一种适合美国国情的宏伟建筑形式的愿望。然而，赖特从沙利文和芝加哥建筑学派接受的却是钢结构办公大楼的建筑理念。作为私人商业利益和土地投机的产物，就当时的情况而言，钢结构的摩天大楼的规模只适合作为公共事业办公大楼，但这种建筑既不能体现宏伟的建筑形象，其外部空间也不适于公共事务领域的要求。只有它们具有多功能或混合形

[1] H. Allen Brooks, *The Prairie School: Frank Lloyd Wright and his Midwest Contemporaries* (New York, 1976), p. 79.

式的建筑结构，如芝加哥的音乐厅和席勒大厦[1]，[2]其中建有大、中、小型空间单位——剧院、俱乐部、办公室或宾馆客房——芝加哥学派的这些建筑才能成为具有宏伟风格和容纳公共事务内涵的建筑物。

截至当时，在赖特的建筑师生涯中，他的建筑设计事业主要集中于家庭住宅的设计——这是由于他在阿德勒和沙利文的建筑事务所时接受的“月光”工程和为了支付家庭开支而在“私下”接受的委托，以及此后源源不断地来到他的事务所的住宅客户的委托——在这种情况下，赖特实际上离找到他自己在公共建筑上的设计语言更近了。这一点体现在他于 1894 年设计的岩石混凝土银行大厦，这一了不起的设计仅完成在赖特开办自己的建筑事务所一年之后。这座尽管规模不大但其整体形象体现了一种纪念碑式的宏伟建筑，是埃及庙宇形式的直接化身。正如其名字所示，这座规模不大但充满宏伟之力的立体空间是由水泥建造而成，其顶部没有被覆盖，而是呈开放状态——在当时它体现了一种激进观念。

---

[1] 这是此类新的建筑形式的第一座典型建筑。——作者注

[2] Joseph Fenton, *Hybrid Buildings: Pamphlet Architecture No. 11* (New York, [catalogue of uniquely American type, with Chicago its birthplace].

大楼内部空间的单一性，由形式、结构和材料融为一体的风格与钢结构办公大楼形成强烈反差。

在公共事务建筑的设计中，赖特感到有一种相对的自由，它所体现的是人们的共性；而在住宅设计中，强调的是不同人之间存在的差异。这种情况在赖特于 1895 年接受爱德华·沃勒委托的沃尔夫湖边娱乐公园设计[1]中体现得很明显。这是在中间的一圆形小岛上围绕一个半圆形人工河而建的一系列楼阁，是在独特场地上建造的系列建筑物，是十字交叉空间主题的种种变异形式。对这些楼阁予以观察后可以发现，其种种设计要素与赖特后来草原建筑时期的许多设计内涵非常接近，这些建筑如唯一神教教派教堂、达尔文·马丁住宅，甚至帝国酒店等。

1897 年，赖特接受其舅舅詹金·劳埃德·琼斯的委托设计建造一座新的万灵教堂，它的建筑使具有新的美国宏伟风格的理想向前迈出了一大步。这座新的万灵教堂要成为一个为城市社会活动服务的中心，将其中的礼拜堂作为主要的会众集会的地方。琼斯委托的这一建筑物功能的变化反映在它的名称的不同，这一名称的变化是在赖特设计过程中发生

[1]　未付诸建造。——作者注

的，它的名称是亚伯拉罕·林肯中心。仅仅在10年前由西尔斯比设计的那座万灵教堂，已成为邻近社区的社会活动中心，在赖特初来芝加哥时，当地的宗教和革新运动领袖们就常在这里聚会。在琼斯现在的心目中，这座新的万灵教堂将成为一座7层综合性大楼内的一个大厅，其他还有会议室、教室和社会活动场所。琼斯认为，其中的办公建筑要具有更多的现代风格和世俗特征，更多地用于城市日常生活，而不是具有历史特征的典型教堂建筑。[1]

1899年，赖特为亚伯拉罕·林肯中心提出的最终设计方案，既是令人惊奇的建筑领域的重大突破，也是对多功能建筑设计的突出贡献。这座共有7层的建筑，使用了沙利文摩天大楼垂直的砖砌扶壁，扶壁间有内隐的窗户和墙壁，而在二层与三层的礼拜堂和底层阔大入口大厅，同样是由从大楼外沿内向嵌入的扶壁构成的整体架构。其结果是，建筑的正面展示出一系列参差不齐的墙体，并使大小不同的空间轮廓清晰可辨——这是沙利文和芝加哥学派未曾解决的问题。另外，大楼顶层的一些办公室可以通过大楼四角的步行台阶上

[1] Joseph Siry, *Unity Temple: Frank Lloyd Wright and Architecture for Liberal Religion* (Cambridge, ma, 1996), pp. 262—3.

下，而且在台阶中间有开放的空间，从而使自然光可向台阶提供充足的光线[1]。礼拜堂是由三根挺直的柱子构成的空间架构，由高侧窗为其内部空间提供光源，入口处于一侧而不是中间，即在讲道坛的两侧[2]。

尽管赖特的舅舅琼斯曾声称，赖特已经出色地解决了他遇到的问题，但仍然对他的外甥提出改变设计的要求，事后看来，他的要求是不合理的。为了同其尊重的舅舅保持正常的关系，赖特最终撤回亚伯拉罕·林肯中心的委托，让德怀特·帕金斯（Dwight Perkins）承担最后的建筑任务，但那完全是赖特设计方案的翻版。詹金·劳埃德·琼斯后来为此非常后悔，因而对赖特唯一神教教派教堂的设计表现出极大的支持，亲自在赖特对这一工程的委托书上签字，而且极力维护赖特的创新设计方案和与众不同的建造方法。

1895 年，赖特接受了为勒克司棱镜公司设计镶嵌特殊形状玻璃的一系列结构造型，用以向内部空间反射光线；另外还设计一座利用勒克司棱镜的典型摩天大楼。近来情况表明，赖特设计的并在美国专利局档案中登记的镶嵌玻

[1]　这同赖特后来设计的拉金大厦相同。——作者注

[2]　与赖特后来设计的唯一神教教堂相同。——作者注

弗兰克 · 劳埃德 · 赖特在橡树园的工作室，约 1908 年；拉金大厦模型置于左上方。

璃的结构造型，表明赖特对古老的排列几何图形的知识和理解，也是他在福禄培尔教育方法基础上发展起来的，以及他在对《装饰初阶》的学习中获得的灵感，尤其是他同沙利文共同工作期间对几何图形的理论学习在他后来建筑生涯中的运用。[1]

有了从勒克司棱镜公司得到的一笔可观的报酬，赖特开始扩建他在橡树园住宅的工作室、书房和接待客户的办公室。1897 年竣工后，从芝加哥大街旁的一处凉廊进入系列的工作室：左侧是有一般建筑两倍高度、光线从顶部进入的制图室；方形的基部上有一八边形的夹层；左侧是呈八边形的书房，光源来自高侧窗；赖特自己的办公室就在书房的上面。这一系列工作室由一走廊通向赖特的住宅，走廊旁原有一棵枝叶婆娑的柳树，赖特的孩子们常常通过这一富有诗意的走廊出现在工作室里，来打扰他们的父亲并同正在制图的工作人员逗乐。

赖特于 1898 年将建筑事务所从斯坦韦大厦迁至鲁特的鲁克里大厦。自此以后，赖特将其投入建筑技术的大量时间

[1] Otto Antonia Graf, *Erraumen: Zum Werk von Frank Lloyd Wright,* III and IV (Vienna, 2002).

和精力用于事务所的日常工作中：从礼拜一到礼拜六，上午8时至11时，在橡树园；中午12时至下午2时，乘火车到商业区的鲁克里大厦；回到橡树园后，他的工作时间是每天晚上5时至9时。赖特的雇佣人员在橡树园的工作室工作，所有设计图纸和其他参考资料都在这里完成，鲁克里大厦的事务所是作为会见客户的地方，这里比商业区的其他几个事务所在工作上更为方便。郊区的委托设计住宅的客户也可在工作之余在橡树园同赖特会见。另外，在开业声明中还提到："也欢迎对建筑有特殊兴趣的客户，在工作时间到郊区工作室联系，我们在这里接待你。"[1]

我们不应忘记，据赖特回忆，他的设计工作总是于夜间在工作室内进行（这是惯例而不是例外）。这样，制图员在第二天上午就会有事可做。赖特的儿子劳埃德后来回忆说：

> 我记得，每天夜间……他总是去到他的房间，疲惫不堪，他挣扎着在制图板上画图——只有他一个人——在夜间只有他一个人，因为没有任何干扰他总是在凌晨两点或者三点就寝，夜夜如此，天天如此，周周如此，

---

[1] John Lloyd Wright, *My Father, Frank Lloyd Wright,* p.22.

月月如此，年年如此。[1]

劳埃德还回忆说，赖特的工作室里总是有一台钢琴，这样，不论是白天还是黑夜，制图板上的工作之余，音乐能使他消除疲劳。这样紧张的工作时间表在当时和今天都是少见的，这种情形在赖特的大半人生中都是如此；对他而言，进行设计的最佳时刻是黑暗笼罩下的夜间，这时人们都进入了梦乡。

在赖特建筑生涯的早期，他的大部分工作都是在城市郊区进行的，许多芝加哥的富裕市民逃离闹市来到这里，尤其是被称为“圣者之家”的赖特家庭所在地橡树园。尽管面临经济萧条，但人们依然在修建住宅。在赖特于 1893 年开办自己的建筑事务所后的 6 年间，他设计建造了 12 座单体家庭住宅和 6 座公寓建筑，另有一座公共事务建筑工程。他还设计了 23 项未建工程，这些未建工程设计所建立的建筑模式与已建工程具有同样的价值，有的甚至超过已建工程，在赖特 65 年的建筑生涯中其价值是永恒的。1895 年建于芝

[1] Patrick Meehan, ed., *Frank Lloyd Wright Remembered* (Washington, dc, 1991), p. 228.

加哥的弗兰西斯公寓是这一时期典型的公寓建筑；为爱德华·沃勒于1895年设计的弗兰西斯复式公寓，围绕一个宽阔的庭院，角落处有步行台阶，经过一个露天走廊通向一层众多单元——这可能是后来被称为“露天大街”的最早范例。这一设计观念在25年后被用于欧洲的许多工程中，当时被人们认为是具有高度创新思想的建筑形式。

探索一种既适于多户公寓建筑又适于单体家庭住宅的建筑模式，并不只是赖特一人努力的目标。自1873年以降，芝加哥的建筑师们逐渐意识到家庭在社会结构中的重要性。然而至1893年，正是赖特开办自己的建筑事务所的那一年，芝加哥贫民窟令人悚然的恶劣生活条件、完全没有规划的新出现的郊区、新的建筑和新的卫生设施，以及新的家庭观念的出现——尤其是妇女在家庭中角色的改变——这些情况极大地改变了人们关于家庭的观念。[1]

赖特于1894年和1896年举行了第一期公众讲演，这些讲演的内容都是当时关于住宅建筑的最新思想，其中包括建筑与自然地形融为一体的观念，简洁的屋顶形式，内部光

---

[1] Gwendolyn Wright, *Moralism and the Model Home: Domestic Architecture and Cultural Conflict in Chicago, 1873—1913* (Chicago, 1980).

源问题，小而简洁的整体结构，在单体建筑中尽可能容纳较少的房间——略去会客厅而将一切家庭活动，包括客人就餐和休憩，集中于一间阔大的起居室，使用可折叠和机器制造的家具，将所有设施集中于房屋结构之内，如置于窗户下方的取暖设施，使用新近出现的“真正现代”和“无比优越”的铅制固定装置，以及组构合理的厨房设施——赖特将之称为“工作间”和“实验室”。赖特在此使用的是住宅革新者的术语，也是他自己关于既实用又美观的本地建筑风格的一种理想。[1]

这一时期赖特设计的住宅建筑中，最引人注目的是 1896 年建于芝加哥的伊西多尔·赫勒住宅，其中起居室和餐厅都呈十字形状，由入口大厅将其联成一体。另一座建筑是 1899 年设计的约瑟夫·胡塞尔住宅，这是众多房间沿一个中心轴而成一线并呈相互独立格局的一座优雅建筑。赖特将胡塞尔住宅的设计作为对 1877 年理查森建于马萨诸塞州沃伯恩的韦思纪念图书馆再现的典型。赖特可能看到这座建筑的建造

[1] Frank Lloyd Wright, ‘The Architect and the Machine’ (1894), ‘Architect, Architecture, and the Client’ (1896), in *Frank Lloyd Wright: Collected Writings, 1894—1930,* ed. Bruce Brooks Pfeiffer (New York, 1992), I, pp. 20—44.

过程，因为他当时住在附近的韦茅斯。在这两座设计精美的建筑之间，赖特还设计了一系列建筑，其中包括为彼得·戈恩（Peter Goan）、杰西·鲍德温（Jesse Baldwin）、内森·摩尔（Nathan Moore）、昌西·威廉斯（Chauncey Williams）、乔治·弗贝克（George Furbeck）和罗林·弗贝克（Rollin Furbeck）设计的住宅。但在这些设计中，其形式结构大都不够稳定，有的甚至有些混乱。

在此期间，赖特的设计思想所经过的缓慢过程和不拘一格的设计风格，源于他在1894年的一次讲演中所阐述的观念："有多少不同类型的人，就应有多少不同风格的住宅建筑，居住者的个性应反映在建筑物的特征和色彩上。"[1] 因而，建筑师就应为其每一位客户提供唯一的和各具特点的设计方案。赖特对家庭住宅的设计观念近来被称为"肖像建筑"[2]——将赖特为其客户设计一所住宅同约翰·辛格·萨金特（John Singer Sargent）为其客户绘制一幅肖像之间的相

[1] Frank Lloyd Wright, 'The Architect and the Machine' (1894), 'Architect, Architecture, and the Client' (1896), in *Frank Lloyd Wright: Collected Writings, 1894—1930,* ed. Bruce Brooks Pfeiffer (New York, 1992), I, p. 23.

[2] Jack Quinan, *Frank Lloyd Wright's Martin House: Architecture as Portraiture* (New York, 2004).

似性作出类比——这对赖特而言是不可接受的，至少在他面对不断增加的委托情况下，这一类比对他所表达的原意有所悖谬。

赖特青年时期就面对工作和家庭的压力，至1899年他已有5个子女[1]。为使他的事业有更大发展，赖特和妻子意见发生分歧，因此，尽管同住橡树园，他们之间开始出现“裂隙”。因赖特的花销有奢侈倾向，致使家庭开支急剧增长，导致食品欠账达数千美元的尴尬局面，这使凯瑟琳与赖特的关系进一步恶化。另外，赖特用自己的住宅和工作室作为主要实验场所：对每一个房间永无休止的反复拆毁和再建，每天都在灰尘、噪音和反复实验的混乱中，即使居住很短时间，任何人都会感到难以忍受。可以想象，凯瑟琳这些年在橡树园的生活是何等困难。

赖特对妻子和家庭越来越感到疏远，他甚至在一次晚餐时承认：他早些时候的一位客户和朋友沃伦·麦克阿瑟（Warren McArthur）看到他的一个孩子说：“快点，弗兰克，这个叫什么名字？”赖特把这个孩子的名字说错了。这是赖特于30年后的回忆。赖特承认，作为父亲，“我从未尽到

[1]　儿子大卫生于1895年，女儿弗朗西斯生于1898年。——作者注

责任。从来没有。我没有考虑这个问题，而且我不知如何去做”。[1] 但这种感情只有赖特自己心里明白，他人并不清楚。

关于这一点，赖特的儿子约翰对这一时期的回忆具有代表性，关于他的父亲他这样写道：“他有史诗般的智慧和乐观精神，使我们全家经常感到一种节日的欢快。他常常由眼泪变成笑声，从皱眉转入欣喜。”约翰回忆，虽然赖特长时间从事疲惫的设计工作，但他家中常常充满乐声、笑声和“舞会”的气氛。实际上，赖特似乎没有时间和耐心去关心他的一群淘气的孩子们，而约翰却写道，赖特“是一位杰出的爱家人士”，他“过着一种完美的家庭生活”。[2]

赖特于 1894 年在他住宅的一层建了一间游戏室，使他的孩子们有了自己的活动空间，他的妻子也可以在这里为邻居的孩子们进行福禄培尔式的教育。游戏室很漂亮，上面是一个桶形拱顶，砖砌室内墙壁，沿拱顶两侧低矮的窗台可用作椅凳。室内一端有内隐的置放钢琴的空间，另一端墙壁上有壁画《渔夫和天才》（*Fisherman and the Genie*），是赖特用几何图形对《天方夜谭》的解释。

---

[1] Wright, *An Autobiography* (1932); ed. Pfeiffer, II, pp. 177—8.

[2] John Lloyd Wright, *My Father, Frank Lloyd Wright,* pp. 31, 55—7.

正在赖特为其住宅建筑设计中争取达到功能的明晰和结构的简洁而努力之际，他每天下午还以福禄培尔体系教育他的子女，将福禄培尔为教师编写的教学手册反复读给孩子们听。某种意义上，这不仅仅成为赖特的一种消遣，将福禄培尔教育方法用于制作过程，不同于无休止的一系列形式创新，并以此去为“不同的客户提供不同的设计”。相反，福禄培尔教育体系认为，制作应以有限的要素和空间形态作为衍生变异的主旋律——正如音乐创作那样。赖特后来对福禄培尔教育体系的重新学习，可被认为是他的建筑设计获得突破的契机，这一突破就是被普遍认为的他在这一时期的最伟大创新——草原建筑。

第4章

草原建筑与革新运动（1899—1909）

赖特于32岁时将他在建筑领域作出的突破性成就称为“草原建筑”，这一事件正好发生在新千年之始，是当时闻名世界的革命性变革之一。1900年，柯蒂斯出版公司出版的《女士家庭杂志》（*The Ladies' Home Journal*）刊登了两种样板住宅设计图，两座住宅均于同一年分别为伊利诺伊州坎卡基的沃伦·希科克斯（Warren Hickox）和哈利·布拉德利（Harley Bradley）两个家庭设计和建造。赖特将这两座住宅设计为十字形的整体形象，这一设计方案将成为以后几乎所有草原住宅建筑设计的出发点。十分明显，这两座住宅的设计方案直接来自赖特于1889年为自己设计的“四方形”简朴小型住宅。[1] 这样，在赖特的设计过程中出现了一种重要变革：赖特脱离了以其他建筑师的设计作为自己的“范式”或出发点的模式，而是以自己独立的设计作为衍生变异的主题。

赖特的草原住宅建筑以异常的空间自由、精确的空间秩序以及效用性和舒适性相结合为特点，且上述特征无论是在古老世界或新世界都是史无前例的。草原建筑迅速为美国住宅建筑建立了一种新的标准，极好地解决了对所谓“范式”或住宅改革运动提出的一切挑战性问题，也成为新千年一种真正现代建筑的首批榜样，“是对当时许多具有先进理念建筑存在问题的明确回答”。[2] 然而，《女士家庭杂志》[3] 刊登赖特的这两座住宅的初始设计方案，如果不对其进行深入细致的考察，其影响力将是不足道的。事实的确是这样，因为在

---

[1] Patrick Pinnell, ‘Academic Tradition and Individual Talent’, in *On and By Frank Lloyd Wright: A Primer on Architectural Principles,* ed. Robert McCarter (London, 2005), pp. 49—54.

[2] Colin Rowe, ‘Chicago Frame’, in *On and By Frank Lloyd Wright,* ed. McCarter, p. 89.

[3] 一种受欢迎的女性刊物，全美有 100 万读者，是当时美国发行量最大的刊物，在家庭主妇中影响很大，但不是建筑领域的专业杂志。——作者注

赖特以后的设计生涯中，他将坚持不断地为尽可能广泛的大众提供不同的家庭住宅设计方案——并为考虑建造住宅的人以及住宅建筑公司提供相关的文字说明，而不考虑那些被雇用为设计住宅的设计师们的需要。通过《女士家庭杂志》、《美丽的住宅》（*House Beautiful*）、《住宅与花园》（*House and Garden*）、《住宅与家庭》（*House and Home*）、《生活》（*Life*）和其他一些面向家庭主妇的刊物以及这些杂志的编辑，如《女士家庭杂志》的主编爱德华·博克（Edward Bok），赖特同其建立起长期而紧密的合作关系。赖特可以直接向潜在的客户提出自己的设计思想，从而能够避免混同于建筑界不知名的设计师的作品。赖特设计的第一批住宅刊登于 1901 年 2 月号的《女士家庭杂志》上，赖特称之为“草原村镇之家”。赖特写道，这一设计方案“是为生活简朴的居民提供的住宅，以一种高远的理想享受家庭生活”。低矮、水平延伸的内部空间，扩展的屋顶，“标志着大草原的影响，这些都反映着地域特征，折射出大自然的静谧”。[1] 赖特对这种新式美

[1] Frank Lloyd Wright, ‘A Home in a Prairie Town’ (1901), in *Frank Lloyd Wright: Collected Writings, 1894—1930,* ed. Bruce Brooks Pfeiffer (New York, 1992), I, pp. 73—5.

国住宅的构想十分全面，针对这一构想，他不仅提出了“草原社区”的方案，还对这一方案所需的主要建筑材料进行了描述，并给出了合理造价——6 970 美元。

第二批住宅设计方案刊登在 1901 年 7 月号《女士家庭杂志》上，其说明文字带有一种调侃的口气，“一座小型住宅中有许多房间”，指向一些不够理智的普通客户，希望建造小的和便宜的住宅，但同时却能提供更大的空间和独特“风格”的房子。造价是相当便宜的 5 835 美元，这样造价的住宅是中产阶级完全能够承受的，房屋的位置是可以选择的，其占地面积是标准的 100 平方英尺（30 平方米），而不是一个理想社区的一部分。[1] 这些原型住宅设计方案的整体形象呈十字形，由赖特在橡树园的住宅演变而来；围绕房屋中央的大型壁炉向外辐射，扩展为不同结构形式的空间，可以沿房屋的周边和各个角落从一个房间进入另一个房间。这种十字形的住宅向四个方向展开，从而能够“充分接受阳光、空气和观赏外景，这是人们到郊外享受的东西”。一处

[1] Frank Lloyd Wright, ‘A Home in a Prairie Town’ (1901), in *Frank Lloyd Wright: Collected Writings, 1894—1930,* ed. Bruce Brooks Pfeiffer (New York, 1992), I, pp. 76—7.

住宅三个方向的主要房间都可提供阳光和室外景色——这在当时的住宅设计中是绝无仅有的，但对于赖特而言，这种结构的住宅设计已成为一种常规。

与大自然相伴无疑是众多家庭迁往郊外的重要原因，也是赖特草原建筑灵感的渊源。然而，在将要建造房屋的郊区，原来的自然景色被分割为纵横的街道和生活服务设施，原有的树木和植被也往往被破坏，这样的郊区已经远远不是真正的“自然之地”。赖特认为，这是人们居住后将完全并永远改变了的一种自然环境，而建筑师的任务就在于重建和恢复业已消失的自然平衡的美国城市郊区。

赖特于 1900 年在橡树园为一个妇女民间组织所作的一次讲演的题目是“关于园林建筑学”。在这次讲演中，赖特高度评价建筑环境中固有的自然条件及其树木和植被，他还引证格特鲁德·杰凯尔（Gertrude Jekyll）[1] 著作中关于这一方面的论述。杰凯尔是英国园林设计师，她的著作《住宅与花园》（*Home and Garden*）于同年出版。赖特坚持认为，园林

[1] 格特鲁德 · 杰凯尔（Gertrude Jekyll，1843—1932），英国园林建筑师，她的设计风格简朴、活泼。在与建筑师勒琴斯合作时，她用色彩和地方形式将勒琴斯设计的格局加以润色，创造出一种新型的建筑庭园。——译注

与建筑在建设社区过程中具有同样的重要性，自然环境对人品格的影响比“文明社会对培养人的行为的影响更大——当然两者是不能完全分开的。你会发现，好的环境对社会的影响是积极的和建设性的。”[1]

赖特这一时期关于住宅建筑环境的设计思想，包括精心保留既有的树木、修剪整齐的草坪、花坛和长满“未加修整草树花卉”的筑有围墙的花园等，现在大都已被人们忽视。因而，当我们发现赖特设计的草原住宅建筑往往处于郊区建筑场地的边缘，以便让花园占据场地的中心位置，便因而感到惊奇。因为一般人认为，优越的位置应用以建造房屋。赖特的设计思想是通过精心筹划的系列入口以及家庭生活的日常活动，将外部空间和内部空间相互融和或联结，从而使房屋和园林融为一体。园林中各种景物星散、零乱的状态是今天建筑中存在的令人不安的现象，但赖特在房屋和园林之间构筑的一种不同寻常的相互依存关系，使两者都不能独立存在。

自 1899—1909 年的 10 年间，赖特共设计了 130 座草原

---

[1] Frank Lloyd Wright, 'Concerning Landscape Architecture' (1900), in *Wright: Collected Writings, 1894—1930,* ed. Pfeiffer, I, pp. 54—7.

赖特，约 1908 年，49 岁。

风格的住宅建筑，其中正好有一半设计建成房屋，65 座住宅建筑中的绝大部分建于迅速发展的美国城市郊区。赖特往往被誉为具有独特风格的美国单体家庭住宅建筑的创始人，但他很少被称为美国城市郊区最早综合性住宅建筑的设计者。实际上，赖特于 1900 年开始为市郊社区设计住宅，并说明这是一种“草原村镇之家”，由 400 平方英尺（120 平方米）构成的方形街区，每一街区有 4 套赖特设计的典型住宅组成，在 200 平方英尺（60 平方米，接近一英亩）的方形场地上呈辐射状向外扩展。在这种“四方形设计方案”中，每一座住宅可面向不同方向，既有宽阔的“社区整体形象，又保持每座住宅的绝对隐私”。

赖特认为，社区必须由住宅构成，他所设计的住宅将成为完整的市郊社区。在这里，一座座住宅集中而构成有序整体，从而为自然景观提供宽阔的空间；在这里，马车（后来的汽车）和行人各行其道。这些设计方案远在首批汽车大量生产、亨利·福特 T 型汽车于 1908 年出现之前，赖特已经预见汽车的出现将成为美国地面景观变化的主要诱因。当我们认识到，赖特于 1900 年的“草原社区”规划是建立在杰斐逊（Jefferson）以平方英里为地图坐标的基础之上时，他的大社区设想就不足为奇了。[1]

在这 10 年期间，橡树园的赖特工作室是酝酿草原建筑设计方案的地方。这个工作室的工作人员是由一些富有才智的青年男女设计师组成，他们是伊利诺伊州第一位女建筑师玛丽安·马奥尼（Marion Mahony）、威廉·德鲁蒙德（William Drummond）、弗兰西斯·巴里·伯恩（Francis Barry Byrne）、乔治·威利斯（George Willis）、沃尔特·伯

[1] 杰斐逊总统于 1803 年从拿破仑时代的法国，购买密西西比河与密苏里河以西土地，使美国国土面积增加一倍，从而以英里平方为坐标规划这片土地。——译注

利·格里芬（Walter Burley Griffin）、安德鲁·威拉曾（Andrew Willatzen）、哈里·罗比森（Harry Robinson）、约翰·凡·贝尔根（John Van Bergen）、查尔斯·怀特（Charles White）、阿尔伯特·麦克阿瑟（Albert McArthur），以及办公室工作人员伊莎贝尔·罗伯茨（Isabel Roberts）。这一时期，赖特工作室大约有 10 名成员，每年平均提出 21 座工程设计方案，其中每年平均 11 座工程投入建造，这就意味着每两周半完成一座工程的全部设计图纸，每四周半有一项工程投入建造。

与赖特一同工作的制图者中，有几个人是在芝加哥艺术学院建筑系、由埃米尔·洛克（Emil Lorch）领导的所谓"纯设计"专业接受教育的。在芝加哥发展起来的"纯设计"课程，是在奥尔登·韦斯利·道（Alden Wesley Dow）及其他人教授法基础上形成的一套艺术教育大纲。奥尔登·韦斯利·道对东方装饰模式进行分析后形成一些基本原则。同福禄培尔幼儿园教育方法非常相似，这些教学方法也具有高度抽象性："洛克的创新在于他追求以不同的模式作为建筑学的基本原理，以及使自然景观规范化，而不是从功能或静力学角度探讨建筑的基本原理。"[1]

---

[1]　David Van Zanten, *Sullivan's City* (New York, 2000), pp. 74—8.

赖特建筑生涯的早期，在工作室里，他首先对每一项设计提出总体设想，然后在他指导下由每一位制图者对他的初始设计进行拓展。所有设计项目都经过工作室全体人员讨论和评判，赖特尊重同他一起工作的每一个人的才能。在这个工作室内，赖特显然是最高明的设计师，是这个设计所的领导者，但他的设计方案同样要经过他的年轻同事们的建设性评论。这反映了一个事实，赖特在开设个人设计事务所期间所取得的种种经验，是在工作室集体环境中形成的，他把每一位同事都视为平等的伙伴。

赖特每天工作至晚上9时，如同在斯坦韦大厦工作室，他把橡树园的工作室也作为建筑师、客户和朋友们会面和讨论建筑事宜以及每日大事的地方。工作室、办公室，尤其是小小的图书室是赖特随时都可进入寻求设计范例的地方，在这里，日本木刻版画、陶瓷工艺、各种模型、制图，以及他自己设计的用铅条镶嵌的不同类型玻璃窗户陈列整齐，条理井然。赖特利用这些空间及其陈列品启示他的客户、他的制图人员和他自己：他认为，日复一日的大量实践，才能使建筑设计得以完善，正如弹奏钢琴必须不断地实践一样。

赖特常常借助身边的事物开展实践活动。他在工作之余抽出一些时间，带领他的制图人员到周围的树林和田野采集野花和草原上的野草，然后按照他从古代日本插花艺术学到的知识，把它们置于工作室内。赖特之子约翰曾谈到，赖特把几十只充气的气球带回家，把鲜亮色彩的气球，用不同长度的绳子固定在拱顶游戏室内的家具上，它们呈现出不同的形式和姿态。[1] 赖特还经常把餐桌、椅子、桌布、餐巾、银器和玻璃杯，组构成不同的和动态的结构形式——所有这些结构形式都由他自己设计，因此，他经常拖延了用餐时间。赖特的客户告诉人们，在他们来到赖特家时，他常常把家中的家具，以一种动态序列重新摆放——作为一位建筑师送给他们的礼物。

这些年间，赖特不仅从不间断地对他的住宅和工作室进行改造和翻新，他还经常对家中的家具不断重新排列，有时不同家具的排列不对称或向周围呈辐射状，但却具有平衡感；地毯从一个房间延伸至另一个房间，这一切似乎意味着室内家具处于运动状态之中。在住宅内各个房间不断变化的几何空间背景下，赖特的不同设计方案逐渐形成。这看来似乎是一种游戏，但对赖特而言，实际上是一种非常严肃的游

[1] John Lloyd Wright, *My Father Who is on Earth* (New York, 1946); repr. as *My Father, Frank Lloyd Wright* (New York, 1992), p. 27.

戏，是他对空间和空间占据物之间在动态中相互作用的系列实验和探索，也是对建筑设计过程的实验和探索。赖特还是一位摄影爱好者，他用手中的多部摄像机将每一次家具排列的位置拍摄下来，然后再重新排列。他把记录的结果在 1896 年开始的讲演中进行分析。

赖特是芝加哥建筑俱乐部的成员，自 1885 年，该俱乐部开始成为一个非正式草图创作俱乐部，后来于 1895 年正式命名。自 1887 年，赖特初到芝加哥，他们就在艺术学院的几个房间内举办展览，主要展出俱乐部成员的作品，也有来自世界各地的作品，其中包括英国艺术与手工艺设计师查尔斯·罗伯特·阿什比（Charles Robert Ashbee）[1] 于 1900 年创作的 14 件作品。在这一期间，赖特的作品往往占据了大部分展室，尤其是 1907 年的这次展览几乎成了赖特的个人展，因此俱乐部受到外界的批评。与美国建筑师学会和其他各种建筑者俱乐部不同，芝加哥建筑俱乐部所关注的

[1] 查尔斯·罗伯特·阿什比（1863—1942），英国建筑师、金属工艺家，工艺运动的领导者之一，是反对工业革命带来的社会、道德和文化混乱现象的改革家。他于 1911 年提出工艺运动的名言：艺术教育必须正视机械主宰文明的事实。并把英国艺术的新动向介绍到欧洲大陆，促成了新艺术运动。——译注

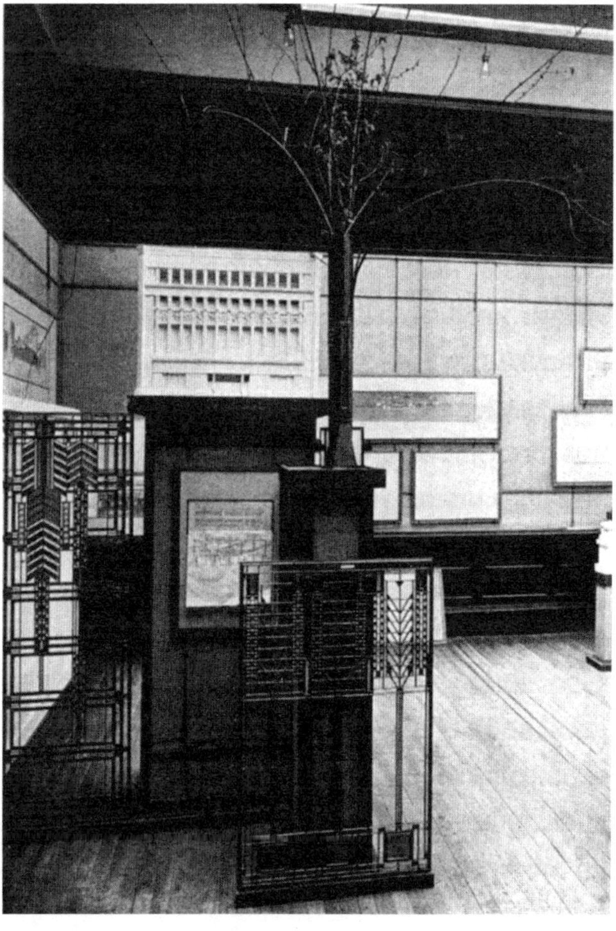

艺术学院内弗兰克·劳埃德·赖特作品展览，约 1907 年，其中包括拉金住宅的铅条镶嵌玻璃展览，布法罗，纽约州。

不是商业事宜而是建筑设计——即通过建筑设计解决社会问题。1899 年，芝加哥建筑俱乐部同其他几个类似俱乐部合并成立美国建筑联合会，其宗旨是“对先例进行革新”。赖特于 1900 年在芝加哥该会的年会上作了两次讲演，在第二次讲演中，赖特坚持认为，设计实用性、舒适性和多功能小型住宅的建筑师“比以既定形式和华丽外观建造一座城市的建筑师更具丰富和宝贵的工作经验”。——这显然是射向伯纳姆的一颗子弹。[1]

正是在这一时期，赖特的设计成就开始受到全美和国际的关注。1900 年，赖特在斯坦韦大厦的朋友和建筑界同行罗伯特 · 斯潘塞在波士顿《建筑评论》（*Achitectural Review*）杂志上首次发表对于赖特作品的全面评述。同年，代表英国全国企业联合会访美的阿什比，在艺术与手工艺协会于赫尔大厦举办的晚宴上见到赖特。阿什比及其妻子和母亲曾访问赖特在橡树园的家，他们在日记中说，赖特有一个杰出的家庭。赖特是阿什比此次访美期间所作建筑专业报告中提到的唯一一位建筑师，他们之间建立的友谊持续了几十年。赖

---

[1] Frank Lloyd Wright, ‘The Architect’ (1900), in *Wright: Collected Writings, 1894—1930,* ed. Pfeiffer, I, pp. 49—50.

特这时已经受到来自欧洲建筑思想的影响（尽管后来有人否认这一点），尤其是来自英国《艺术工作室》（*The Studio*）杂志设计思想的影响。该杂志于 1893 年开始发表关于艺术与手工艺的作品，得到约翰 · 罗斯金[1]和威廉 · 莫里斯[2]的鼓励和支持。《艺术工作室》杂志所发表的作品，主要来自诸如 C. F. A. 沃伊齐（Charles Francis Voysey）、贝利 · 斯科特（Baillie Scott）、查尔斯 · 伦尼 · 麦金托什（Charles Rennie Mackintosh）、埃德温 · 勒琴斯爵士（Sir Edwin Lutyens）和阿什比这些英国建筑师。

正是于 1901 年 3 月在赫尔大厦召开的艺术与手工艺协会大会上，赖特作了题为“艺术与机械工艺”的讲演，这次讲演至今仍被许多人认为是赖特最重要的讲演之一。赖特在讲演开始时对罗斯金和莫里斯致以敬意，他称罗斯金和莫里斯是“现代的两位伟大革新者”。然而赖特的讲演既拥护又

---

[1] 约翰 · 罗斯金（John Ruskin，1819—1900），英国政论家、艺术评论家，对维多利亚时代公众审美观点产生重大影响，主张用道德和审美教育建立理想的社会制度。——译注

[2] 威廉 · 莫里斯（William Morris，1834—1896），英国作家、工艺美术家和空想社会主义者。他追随罗斯金，憎恶资本主义制度，把艺术看作改造现实的主要手段。——译注

批判了英国的艺术与手工艺运动。这一运动的主要倡导者莫里斯排除使用机械制造建筑工艺品和装饰物。赖特拥护机械在现代艺术和建筑领域必不可少的地位，他情感洋溢地讲了芝加哥众多炼铁高炉彻夜通明的景象，宏伟的转动桥横跨河流之上（这是他来到芝加哥第一个夜晚的记忆）。赖特说，矩形锯机为现代建筑提供木质装饰而无任何既定装饰模式，具有木料的自然纹理。赖特再次以现代语言反复强调建筑是一种编织艺术。[1]

赖特的早期讲演表明，他的思想和作品同时将机械和自然作为其建筑设计的出发点。然而梭罗著作中阐述的技术和自然之间存在的不协调因素，后来被认为是美国文化中的基本矛盾。[2] 赖特将这种矛盾以一种二分法予以解决的观点是可行的，因为自然在他的“意象中强调的是抽象性甚至具有数学的品格，而机械则具有结构的高度系统性”。[3]

这次讲演中还有一种不易为人们注意的内涵，这就是它

---

[1] Frank Lloyd Wright, ‘The Art and Craft of the Machine’ (1901), in *Wright: Collected Writings, 1894—1930,* ed. Pfeiffer, II, pp. 58—69.

[2] Leo Marx, *The Machine in the Garden: Technology and the Pastoral Ideal in America* (Oxford, 1964).

[3] Joseph Connors, ‘Wright and the Machine’, *The Nature of Frank Lloyd Wright,* ed. C. Bolon, R. Nelson and L. Seidel (Chicago, 1998), p. 2.

彰显了赖特当时的自我形象，这一点与他从维克多·雨果于 1832 年出版的《巴黎圣母院》（*Notre Dame de Paris*）中得到的启示有关。赖特童年时就读过这本书，1888 年，他意外地发现，在万灵教堂图书馆的该书版本中有一章的标题是“这个将扼杀那个”。在这一章里，雨果的一段话深深地打动了赖特，雨果径直对读者说，哥特式大教堂体现了一种永恒和不朽，是人类的一部“伟大的由岩石砌成的卷帙”。[1] 雨果说，截至 15 世纪，“物质的和社会的文化力量全都汇聚于一点：建筑”，“当时出生的任何一位诗人，都成为建筑师”，因为“建筑在那个时代是人类文化的主要载体；在那个时代，世界上出现的一切复杂思想都汇成一座建筑物”。

雨果说，早在 15 世纪，印刷技术的发明改变了世界上的一切事物，“人类心灵发现了一种使自身永存不朽的手段，不仅比建筑更为永恒和持久，而且更简洁和更易做到……书籍扼杀了建筑”。而这种新的关于永恒的思想，没有使以雨果小说命名的不朽建筑具有重要地位。“在建筑代表人类文化高峰的年代，思想逐渐成为一座高山，开始支配着一个世

[1]　All Hugo quotations are from Victor Hugo, *Notre Dame de Paris* (Paris, 1832; Eng. trans., New York, 1978), pp. 188—202.

纪，占据着有力的地位。如今它成为一群飞鸟，向四面八方飞翔。”雨果接着描述建筑的遭遇：

> 自16世纪以降，建筑的弊端逐渐显现；建筑不再是人类社会的基本表现形式；建筑成为一种可怜的古典艺术……它曾是真实的和时新的，现在却成为假古董，这就是腐朽，我们称之为文艺复兴……我们大家将落日看作是黎明。

这里，雨果的意思是，一切业已消失，“建筑已经死亡，不堪回忆的消亡，它被印刷的书籍所扼杀”。然而，正是在随后的一段，他表现出一种期望，写下一段奇怪的预见：“伟大天才的建筑可能会偶然出现在20世纪，正如13世纪但丁的出现。”在赫尔大厦的讲演中，赖特对雨果此处原文给予相当准确的解释。赖特对雨果的时间表作了改变和再现：“假如建筑再次崛起和重建，正如雨果预示的那样，它可能彰显自身于19世纪的末叶。”[1] 作为劳埃德·琼斯家族一员的赖特，事实上他充其量只是一名建筑领域的革新者，他

[1] Frank Lloyd Wright, ‘The Art and Craft of the Machine’ (1901); ed. Pfeiffer, II, p.61.

对雨果关于他所热爱的慈母般的建筑艺术的消亡与可能复兴的反应，可以见出他以传教士和救世主的混合形象出现，未免有不自量力之嫌。其时 34 岁的赖特，将雨果预见建筑复兴的时日恰好与自己的建筑生涯相吻合，那么，赖特是将自己视为能够复兴建筑的“天才建筑师”吗？

设在赫尔大厦的美国第二个慈善事业服务机构，由简·亚当斯创建于 1889 年并向社会开放。至 1900 年，赫尔大厦不仅已经成为其周围贫民社区的一处社会活动中心，而且也是芝加哥进步市民文化集会的场所。在为赫尔大厦开放的准备期间，亚当斯拜访了身处俄国乡村农庄的托尔斯泰（Tolstoy）和伦敦的汤因比（Toynbee）庄园，阿什比就是在这里建立起他自己关于艺术的社会学思想。当时赫尔大厦成为许多著名社会和文化协会或俱乐部的所在地和举行学术讲演的地方，这些协会或俱乐部包括艺术、音乐、传统手工艺、各种政治和哲学协会，以及赖特作为创立委员、并于 1894 年成立的艺术与手工艺协会。除了进行关于该市贫民生活条件的调查研究，重新改写关于改善贫民健康和卫生条件的法律和规章，以及发动反政客腐败的大众运动外，赫尔大厦内的工作人员还组织举办各种讲演会，参与讲演的人既有外地的访问专家，也有当地不同领域的领导者，其中包括不久前建立的芝加哥大学的教授们。[1]

自 1886 年，在亚当斯的赫尔大厦举办的各种社会和政治活动，与在赖特的舅舅詹金·劳埃德·琼斯的万灵教堂（1905 年更名为亚伯拉罕·林肯中心）举行的活动十分相似，两者都是芝加哥革新运动的中心。曾经访问过这两个社会机构的人有苏珊·B. 安东尼（Susan B. Anthony）、布克·T. 华盛顿（Booker T. Washington）、威廉·詹宁斯·布赖恩（William Jennings Bryan）和罗伯特·拉·福利特（Robert La Follette）等。他们在这两个中心所作讲演涉及的问题包括禁绝种族歧视、教育、妇女参政、改善居住条件、贫民救济、政治改革以及和平主义。

赫尔大厦的另一位讲演者是约翰·杜威（John Dewey）[2]。杜威是赖特的同时代人，芝加哥大学教授，后来被公认为最伟大的美国哲学家。杜威于 1894 年到达芝加哥之前，就曾写

---

[1] Jane Addams, *Twenty Years at Hull House* (New York, 1910).

[2] 杜威（John Dewey，1859—1952），美国哲学家、教育学家，实用主义芝加哥学派创始人。曾任美国心理学会、美国哲学学会、美国大学教授联合会会长。1919—1921 年间曾来华讲学。认为一切科学理论只是人们整理经验、适应环境的手段或工具；认为教育即生活，学校即社会，应让儿童“从做中学”。其著作《艺术即经验》（1934）一书开创了当代西方美学中实用主义流派。——译注

下这样的话："芝加哥是在你每一重要时刻，为你从混乱中提供相宜机会的地方——这纯粹是一种根本没有任何标准的事情。"然而，杜威的实用主义哲学却深受"芝加哥普遍的实用理想主义的影响"。杜威居住和工作在芝加哥的整个时期，赖特一直在商业区有一处建筑事务所，他与杜威经常在路上相遇。在芝加哥的 11 年岁月里，在威廉·詹姆斯、爱默生和惠特曼思想的启迪下，杜威形成了自己的生存哲学，这一哲学体系大体包括了三种主要观念，这些观念都对赖特施以巨大影响。

首先，杜威一生献身于教育改革，强调要通过在实践和制作中学习，实行手工艺学徒制，在实践和制作过程中使智力和体力相结合，而不是将智力与体力分离。在这一方面，杜威受到洛内尔·弗兰西斯·帕克（Colonel Francis Parker）于 1883 年在芝加哥创办的著名实验学校的启发。其次，杜威对作为一名美国公民的意义进行了重新界定。他主张，每一个美国公民的责任，是通过其日常的行为和经历使民主成为现实；他应坚持个人与集体同等重要的观念，以及培养自己具有一种"有组织的民主"的观念，一种独特的美国式的民主，争取"达到更加广泛、比历史上出现的更为全面和彻底的民主"。

最后，也是对赖特最具伟大意义的，是杜威强调以综合经验作为评价社会及世界上出现的一切事物唯一正确的标准；他主张，一切艺术都必须具有一种道德规范去“构建良善”，以及他对非西方文化的研究（有趣的是，杜威和赖特自1919年至1921年都生活在东方）。[1]在赖特一生的作品中都能发现杜威进步、开明哲学思想的影响，而且看来他们是相互启发的。在杜威的经典之作《艺术即经验》（*Art as Experience*）（1934）中，列举的建筑范例与赖特设计的建筑非常相似，这绝不是偶然的巧合。

另有两位进步、开明的芝加哥大学教授的著作对赖特也有影响，而且他们的著作反映了这一时期芝加哥面对的一些实际问题。索尔斯坦·凡勃伦（Thorstein Veblen）[2]的《有闲阶级论》（*The Theory of the Leisure Class*）（1899）是对芝加哥上层中产阶级的猛烈讥讽和抨击，他以实例表明，被他称为令人瞩目的消费和掠夺的经济剥削，引发了社会生活的诸

---

[1] Robert Westbrook, *John Dewey and American Democracy* (Ithaca, ny, 1991), pp. 83, 382, 149, 402.

[2] 索尔斯坦·凡勃伦（Thorstein Veblen，1857—1929），美国经济学家和社会学家，力图应用进化论和动态学的方法研究经济制度。他的第一本著作为《有闲阶级论》。——译注

多弊端，尤其是人们的衣着样式和住宅设计。[1] 罗伯特·埃兹拉·帕克（Robert Ezra Park）开始是一位报纸记者，在芝加哥参与创建美国第一个社会学系，提出“城市生态学”概念，认为城市是“一种自然的产物”，“一种社会有机体”，以及“文明的工场”。除同意杜威关于社区的界定，即同近邻的面对面的交往，帕克还认为，“贸易和交通，银行和报纸”已将更大范围的社会联成一体，并且早在 1916 年就警告人们，“对当今文明构成最大道德威胁的工具是汽车”。[2]

在这一时期，赖特的客户一般是那些明显不属于凡勃伦所抨击的“有闲阶级”，他们中包括那些对待一切事物都审慎地遵循大多数人趣味的人。但是赖特的客户往往大都是在社会和经济活动中具有独立思考的人，他们同赖特之间往往一见如故。赖特设计的草原住宅以及家具的风格，是他们家庭生活和行为习俗的具体体现，例如，赖特设计的餐桌位置的角落有灯柱，高高的椅背实际上在房间内营造出另一个房间的氛围，形成工作之余全家人聚会时一种和谐的氛围。后来赖特在同他的客户交往的过程中，往往表现出一种傲然的

[1] Thorstein Veblen, *The Theory of the Leisure Class* (New York, 1899).

[2] Robert Ezra Park, *Human Communities* (Glencoe, il, 1952), pp. 13, 5, 133, 59.

态度，但客户们的表现却恰好相反。在这一方面，赖特心里很清楚："只要房屋实用和舒适，人们不会计较设计者的个人脾性。实用和舒适是人们最关心的。"[1]

可能由于苏珊·劳伦斯·达纳（Susan Lawrence Dana）在艺术学院展览馆看到赖特展出的65件作品，1902年这位48岁的寡妇用新近得到的一笔遗产，决定请赖特在伊利诺伊州斯普林菲尔德为她建造一所住宅。达纳住宅内的众多房间呈异常开放状态，一个房间向另一个房间开放，这种相互开放的布局形成显然的运动之势，而不必借助各个房间之间的走廊，使整个住宅的不同空间呈现一种激励偶然相遇和共享经历的格局。在此前的两个世纪内，建筑一直通过越来越多的走廊和独门房间这些手段来强调功能的分离和个人隐私。然而达纳的住宅，正如草原住宅建筑的一般格局，赖特打破传统的束缚，他的建筑"引导人们面向他人，从而产生一种强烈的魅力；这些建筑认同激情、性感和社交风尚"。[2] 其结果正是被人们描述的那样，住宅内的不同房间之间形成一种

[1] Wright, *An Autobiography* (1932), in *Frank Lloyd Wright: Collected Writings, 1894—1930,* ed. Bruce Brooks Pfeiffer (New York, 1992), II, p.205.

[2] Robin Evans, 'Figures, Doors and Passages', *Architectural Design* (April 1978), p.278.

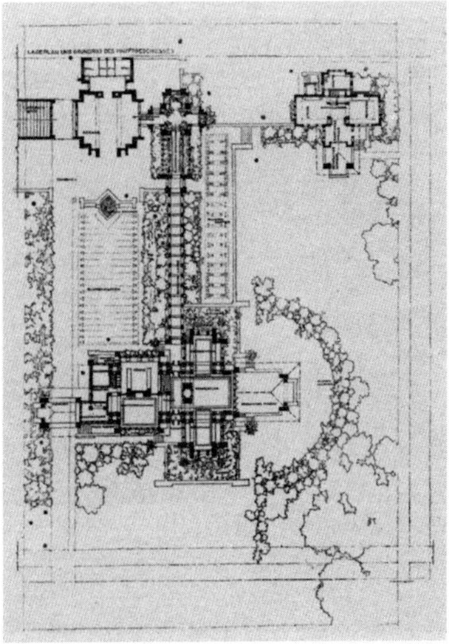

马丁住宅设计平面图，1903 年，布法罗，纽约州。1910 年，为瓦斯穆思出版公司刊用而重新制图。

家庭关系，从而赖特心目中家庭生活的理想境界由此形成。

在赖特为其兄弟威廉在橡树园设计了一所住宅之后，达尔文·马丁（Darwin Martin）雇请赖特在纽约州布法罗市设计一所住宅和他为总经理的拉金公司总部大楼。1903 年设计马丁住宅建筑时，赖特 36 岁，这所住宅的设计取得了极大的成功，标志着草原建筑时期的一个高峰。该建筑是由 5 个不同结构群体组成，包括马丁姊妹的一所住宅，所有建筑群体之间都由一条凉亭连接。几个花园相互交错，一系列十字亭阁排列得巧妙有序，且使不同的轴心相互联成一体，但景观中不同区域的布局各具特点。赖特认为，这所住宅的设计是他能够达到的逼近完美的设计成果，所以在他以后 50 年的建筑生涯中，他一直把这座建筑的设计图纸挂在他的制图室的墙上。

马丁住宅的内部空间给人的印象不是用“编织”这一概念可以概括的，居住者似乎走进一处由柱和梁构成的“树林”，阳光通过由铅条镶嵌的窗户射进室内，在由悬垂式屋顶覆盖的室内，通过连续排列的窗户可以看到各个方向的室外景观，使人有隐逸之感的同时，又能看到远处风光——使居住者感到舒适与安逸，后来成为草原住宅建筑必不可少的特征。[1]

弗雷德里克·罗比（Frederick Robie）是制造自行车的精美制造公司的创立者和总经理，比赖特小 10 岁的罗比于 1908 年雇请赖特在芝加哥建造住宅。赖特和罗比都对机械和速度怀有极大的热情，他们都拥有自己的早期蒸汽动力汽

---

[1] Jay Appleton, *The Experience of Landscape* (Chichester, 1975). Theory later applied to Wright's houses by Grant Hildebrandt, *The Wright Space* (Seattle, wa, 1991).

车。罗比后来说：“从第一次相见，我们就有一种不容置疑的共同思想。当我谈论机械方面的话题，他谈论和思考建筑领域的问题。我感到，他和我是同一类人。”[1] 罗比将他这所住宅称作“我经历的最纯洁的交易之一”。这所住宅以其巨大的单体空间而著名，起居室与餐厅之间由独立的壁炉分隔，多个通体玻璃门在房屋南侧连续展开，而覆盖东西两侧由隐蔽悬臂钢梁支撑的屋顶——这种大胆设计尤其著名。

建于 1909 年这样一座非常漂亮的住宅还对环境的适应恰到好处。6 月 21 日是全年最长的一天，从屋顶投下的阳光阴影恰好达到南侧玻璃门的底部，而在全年最短的一天 12 月 21 日，阳光可直接进入起居室和餐厅，阳光照射在水泥地板上，增添了屋内的暖意。到了 1969 年，这种情况使研究能源效率的人感到吃惊，他们只是于近年来才将赖特的这一设计确认为建筑形式中的一种“限定要素”。[2] 然而对在实践和以实用为目的以及追求诗意之美的传统教育熏陶下的赖特而言，在设计过程中总是能够同时达到上述境界，因而

---

[1] Leonard Eaton, *Two Chicago Architects and their Clients* (Cambridge, ma, 1969), pp. 128, 131.

[2] Reyner Banham, *The Architecture of the Well-Tempered Environment* (London, 1969).

罗比住宅，芝加哥，伊利诺伊州，1908年，东南方向的住宅内部。

罗比住宅，餐厅。全部家具均由赖特设计。

设计中达到的实用效果（如玻璃窗的光影效应）是不足为奇的，而设计中达到的诗意之美，如高空悬臂钢梁的造型，则更是引人注目的。

里弗赛德[1]的埃弗里·孔利（Avery Coonleys）一家，于 1907 年选择赖特作为他们的建筑师，奎尼·费里·孔利（Queene Ferry Coonley）说，她从赖特作品中体悟到一种“原则的优雅之态”。赖特将孔利住宅描述为他的最佳设计，在这座建筑中，赖特将起居室整体提升至第二层，这是一系列不同寻常的亭阁房间，在优雅的叠式平面屋顶的覆盖下，孔利夫人在这里隐秘地会见基督教科学派[2]为之医治的疾病患者。孔利夫人还对教育革新有浓厚兴趣，赖特为她设计了游戏室和幼儿园。赖特和孔利一家认为，这是美国城市郊区的一处新型远郊社会和文化中心。赖特同芝加哥城市景观建筑设计师延斯·詹森共同承担这一工程，延斯·詹森当时正在酝酿建立一个具有美国本土风格的景观设计学派，其主要思想在于利用当地原有的植物景观，并使建筑物与自然地形

[1] 由奥姆斯特德规划的芝加哥一个郊区。——作者注

[2] 基督教科学派（Christian Science），宣传以信仰医治疾病的宗教派别，1879 年由玛丽·贝克·埃迪（Mary Baker Eddy，1821—1910）在波士顿创立，并于 1908 年创办《基督教科学箴言报》。——译注

埃弗里 · 孔利住宅室内，有屋脊顶板。里弗赛德，伊利诺伊州，1908 年。

融为一体。

草原住宅建筑虽然往往将注意力集中于建造更为阔大的房屋，但是应该记住，绝大部分的草原建筑是以适中的经济开支为中产阶级建造的。值得注目的另一点是，赖特于 1900 年提出对房屋设计和造价有所节制的观点应是草原建筑“设计师的最好朋友”。在许多简朴的草原住宅建筑的建造过程中，都伴随一种在当时具有进步倾向的革新思想。这里我们可举下列建筑为例：L. K. 奥尔纳（L. K. Horner）住宅、托马斯·盖尔（Thomas Gale）住宅、伊莎贝尔·罗伯茨（Isabel Roberts）住宅、罗伯特·伊万斯（Robert Evans）住宅、托马斯·哈迪（Thomas Hardy）住宅，“一种防火住宅”的原型，其造价均为 5000 美元，这是《女士家庭杂志》于 1905 年公布的。

赖特后来这样描述草原建筑，“我把人作为我的尺度，把整个房屋的高度下降至适合一般人的身高——比如说，5 英尺 8 英寸。只有人的高度才能作为尺度，我以最大的可能扩展房屋面积，下降高度增大空间”。[1] 接着赖特说，5 英尺 8 英寸，他比典型的身高只高出少许。实际上，赖特身高在 5 英尺 7 英寸以下，在他整个一生中，高度是一个敏感之点。

对他这一时期的作品，赖特认为，他超越了其艺术学院培养的同代建筑师们那种对古典主义浮浅的阐释，建立起同古代建筑一种直接的联系，从而回归至古代的初始原则。在他的一本文章选集在全美出版发行的同时，他在刊于 1908 年《建筑档案》（*Architecture Record*）的文章《建筑事业》的开头说：

---

[1] Wright, *An Autobiography* (1932); ed. Pfeiffer, II, pp. 199—200.

> 这里绘制的作品虽然可能会被认为具有激进的风格，但作者意在将它献给一种最佳意义的保守主义事业。在任何方面，该作品都不是对一切伟大建筑所承继的基本建筑原理和规范的否定，相反，它是热爱一切建筑原理和规范精神的一项宣言，也是对这些基本要素的一种虔诚认同。这些基本要素是古代规范和建筑之美不可或缺的。[1]

在这篇论文中，赖特认为，他的作品受到美国进步思潮中民主思想的激发，也是为民主运动服务的。这种进步的民主思想由赫伯特·克罗利（Herbert Croly）倡导。赫伯特·克罗利是《建筑档案》的主编、美国全国进步运动杰出领袖和《美国人生活的前景》（*The Promise of American Life*）（1909）及《前进中的民主》（*Progressive Democracy*）（1914）两书的作者。理查德·霍夫施塔德（Richard Hofstadter）这样描述进步运动："进步论的核心，是致力于在新的环境下实现众所周知的各种传统理想。"[2] 实际上，这是对赖特 1908 年声明的

---

[1] Wright, 'In the Cause of Architecture', *Architectural Review,* XXIII (1908), pp.155—221; in *Wright: Collected Writings, 1894—1930,* ed. Pfeiffer, I, p.86.

[2] Richard Hofstadter, *The Age of Reform* (New York, 1955), p.215.

阐释。

赖特为其姑母艾伦和简于 1902 年在谷地所建的第二座山坡家庭学校表明，赖特将他建造住宅的十字形结构，运用于草原建筑时期所建的公共建筑的设计中。山坡家庭学校的主要建筑空间是处于角落的会议室，会议室有两层方形结构。在建筑的外部，石柱和石料墙壁直接从地面耸起，这些石柱和石料墙壁看似是从这里生长起来的。锥体形木结构屋顶和窗棂与墙壁相互交错，因而使这座建筑坚固挺拔矗立在天地之间。

对于来自拉金公司（1902 年创立）开明的客户们，赖特为他们提供了一种真正的富有人情味的工作环境，这些客户是早期倡导劳工尊严和推动艺术与手工艺运动的埃尔贝特·哈伯德（Elbert Hubbard）、约翰·拉金（John Larkin）、威廉·希思（Willian Health）和公司总裁达尔文·马丁。赖特设计的拉金大厦是围绕一个中心内院而建，因而阳光可以从天窗照射到内院。工作间高高的窗户嵌入外部墙壁，进入工作人员眼帘的是明朗的天空，而不是工业设施的背景。对于这座大厦，有反对者说，这是“一堵纯粹的砖砌峭壁”，反对只强调公共建筑物质表面的倾向。赖特说，这座大厦的设计效果应从地面观赏，而全美摄影刊物刊出的照片是从几层楼的高度拍摄。刊物中的评论部分是从未亲自看到这座大楼的一位作者撰写的。[1]

拉金大厦富有人情味的方面是自然光源和办公场所安装的空气调节设施（这是美国首先出现的）；排除公共设施，台阶完全处于大楼外部角落的塔楼内，从而使所有工作空间向内院开放；首次出现嵌入式橱柜；首次出现挂式洗浴装置和悬臂式桌椅，有利于改善卫生条件；小型图书馆和工作人员参与社会活动的空间，以及一般工作人员处于上层俯视着底层的公司管理人员这样一种“颠倒”的安排。尤其引人注目的是，处于顶层餐厅中的餐桌也由赖特设计，椅子不能处于桌子之“首”，从而要求管理人员和员工们平等而坐。赖特还将内院最高处墙壁向内收缩，拉金公司的管理层将一台风琴置于这里的中间部位，在这里，休息时间向员工们弹奏风琴和朗读爱默生的著作。

唯一神教教派礼拜堂（1905）往往被认为是赖特草原建筑时期设计的最伟大作品，在这座建筑中，赖特为开明的宗教创造了一种全新的表现空间，既具有全新的现代风格，而

---

[1] Wright, ‘Reply to Mr. Sturgis’s Criticism’（1909）, in Jack Quinan, *Frank Lloyd Wright’s Larkin Building: Myth and Fact* (New York, 1987), p.166.

拉金大厦，布法罗，纽约州，1902 年。大厦内部，从顶部看内院，这里是餐厅地板。

且也充满古老的情感内涵。这栋建筑是为包括赖特本人在内的广大会众设计，其中蕴涵着他对唯一神教教派的深刻理解。在这栋建筑中，赖特达到了物质与空间、环境与经验的完全和谐与统一。赖特在这一时期设计的主要建筑，包括马丁住宅和拉金大厦，以及唯一神教教派礼拜堂，都是由保罗·米勒（Paul Mueller）承建，而唯一神教教派礼拜堂是美

唯一神教教派礼拜堂内部，橡树园，伊利诺伊州，1905 年。

国第一座全部运用钢筋混凝土而建的公共事务建筑。赖特的舅舅詹金·劳埃德·琼斯说，这是一座真正以岩石墙壁建造的教堂建筑。

唯一神教教派礼拜堂是一座具有悠久传统风格的向心型礼拜堂，而不是有着高高塔尖的近世风格的教堂，它的中心部位有灯塔，一个十字结构交织成方形，在建筑结构外沿建有 4 个浅阳台。中心房间由 4 个巨大方形柱支撑，柱子的后面 4 道楼梯处于外部的角落，礼拜堂屋顶有 25 处琥珀色天窗，即使在灰暗的冬季，房间里也充满温暖的阳光。进入礼拜堂，要 7 次拐弯，经过几处光线晦暗的走廊，最后到达高大和灯光灿烂的礼拜堂。礼拜堂内有 400 个座位，给人以既温馨又宏伟之感，为熟悉的邻人之间相互交流营造一种和悦的氛围，这是唯一神教教派膜拜仪式的典型特征。赖特将这座教堂建筑称为一种高尚的结构形式，他从良师惠特曼的诗歌中得到启发："歌颂神圣的正方，……来自古老的新颖，来自正方纯粹的神圣，坚固的四边，都有实用。"[1]

赖特记录了唯一神教教派礼拜堂的设计程序，这是此

[1] Walt Whitman, 'Leaves of Grass' (1892), in *Walt Whitman: Poetry and Prose* (New York, 1982), p. 559.

类建筑设计的唯一例子。唯一神教教派礼拜堂主要由赖特自己设计，大部分工作是在晚上9时以后办公室工作之余完成的。这座建筑是他最重要的设计之一，也是他追求完美的设计过程。赖特写道：

> 有机建筑的理想是对想象的一种严格锻炼和规范。我逐渐理解了其中全部内涵……许多方案都被抛弃，因为一些次要要素无法形成真正的形式结构。……这些方面的研究似乎永无止境，在这一意义上，有机建筑将永远不可能最终“完成”。有机建筑理想的最终目标是永远不可能达到的，也没有必要达到。理想的追求是永无止境的。[1]

从这一时期，在他建筑生涯的早期，赖特就投入夜以继日的工作和对理想的不断追求中。1900年，他在建筑联合会的讲演中说，诚实而勤劳的建筑师为理想的追求“使其妻子与儿女经受生活的苦难，这显然是不公平的，对一般人而言

[1] Wright, *An Autobiography* (1932); ed. Pfeiffer, II, pp. 215—16.

是荒唐和不可理喻的”。[1]

1903 年，就在他的第六个孩子卢埃琳出生的同年，赖特为埃德温·切尼（Edwin Cheney）和玛玛·切尼（Mamah Cheney）设计了一座住宅。自此以后，赖特与玛玛·切尼之间很快产生了一种暧昧关系。比赖特小两岁的玛玛获得密歇根大学艺术学士学位，并被芝加哥学录取继续学习。她的阅读范围很广，正在翻译瑞典男女平等主义者埃伦·凯伊[2]的著作。她还是 19 世纪妇女俱乐部的成员，在这里她见到欧内斯特·海明威的母亲格雷斯·海明威，并成为凯瑟琳·劳埃德的亲密朋友。在约翰·劳埃德·赖特的回忆中，他责备其父与玛玛的恋情部分地因为赖特的一辆新汽车、一辆由赖特设计车身的黄色斯托达德·戴登跑车。自 1905 年经常可以看到赖特和玛玛·切尼于不同时间一起驾车兜风。[3]

赖特一家自 1905 年 3 月至 5 月首次旅日回美后，赖特

---

[1] Wright, ‘The Architect’ (1900), in *Wright: Collected Writings, 1894—1930,* ed. Pfeiffer, I, p. 51.

[2] 埃伦·凯伊（Ellen Key，1849—1926），瑞典作家，主张男女平等。她的关于性、爱、婚姻及道德行为的激进主张影响深远，被誉为“瑞典的雅典娜”。——译注

[3] John Lloyd Wright, *My Father, Frank Lloyd Wright,* pp. 50—51.

凯瑟琳·托宾·赖特与罗伯特·卢埃琳·赖特，约1907年。

很快接受了设计唯一神教教派礼拜堂的委托。虽然赖特后来说，这次去日本旅行是拉金大厦和马丁住宅建筑紧张工作后的休息，但这次出行，实际上是赖特接受1902年完成的规模最大之一的草原住宅建筑的客户沃德·威利茨（Ward Willits）夫妇的建议，他们希望这次出游将使赖特有机会修复夫妻之间的关系。然而，在日期间，当威利茨夫人发现，赖特曾带她的丈夫去一个由年轻女人服务的传统浴室后，就同丈夫先行回国了。[1] 在日本期间，赖特参观了许多地方，包括日光的许多庙宇，这些庙宇的“二核”设计方案直接启发了赖特对唯一神教教派礼拜堂的设计。赖特拍摄了大量庙宇、风光、花园和瀑布的照片，表明他对日本建筑和花园设计有深刻的理解。

这次日本之行也开启了赖特一生中对日本木版画，尤其是左重北斋（Hiroshie）版画作品的酷爱，并购买了大量版画作品。从日本回美后，赖特曾两次在艺术学院展出这些日本木版画。1906 年，赖特展出了几百幅左重北斋的版画作品，这是世界上对这位艺术家作品的第一次回顾展览。后来在 1908 年的展览中，赖特不仅展出 655 幅木版画中的 218 幅（这是在美国举办的规模最大的日本木版画展览），而且他亲自设计了展览的布局、版画台架和各种壁挂设施。[2]

从 1904 年他的父亲和 1907 年他的舅舅去世后，赖特对他在橡树园的生活越来越感到心情烦乱，后来他写道：“我经历中的这种令人焦虑的情况，使我感到作为建筑师的生

[1] As related by Wright's son, Llewelyn; Edgar Tafel, ed., *About Wright* (New York, 1993), p. 85.

[2] Julia Meech, *Frank Lloyd Wright and the Art of Japan* (New York, 2001), pp. 40 and 58.

涯将要结束……我对工作失去了信心甚至失去兴趣……个人的和别的事情使我感到厌倦和心情沉重。尤其是家里的事情。我不知道我需要什么。我爱我的孩子们。我爱我的家。”[1] 1908 年，一位生于德国的哈佛大学教授库诺·弗兰克（Kuno Francke）来探望赖特，弗兰克告诉赖特，他不宜待在美国，他应去欧洲，在那里，他的设计将对新的一代人有所启示。不久，赖特接到来自德国出版商恩斯特·瓦斯穆特（Ernst Wasmuth）的邀请信，邀请他去柏林和出版他的著作。当阿什比夫妇于 1908 年 12 月来赖特家时，立刻感到赖特的婚姻已陷入深深的困境中，他们决定邀请赖特夫妻出访欧洲。

1908 年，赖特向凯瑟琳提出离婚，凯瑟琳答应给她一年时间考虑此事。然而到 1909 年，她拒绝了。赖特立刻着手关闭他的设计所，将设计事务交给赫尔曼·冯·霍尔斯特（Hermann von Holst）。霍尔斯特是一位机敏的商人，但却是个平庸的设计师。赖特的条件是希望凡·霍尔斯特继续雇用赖特的两名助手马奥尼（Mahony 和格里芬（Griffin）。此时，赖特正在完成为棉花采摘机发明者的后裔哈罗德·麦考密克

---

[1] Wright, *An Autobiography* (1932); ed. Pfeiffer, II, pp. 219.

及其妻子、约翰·D. 洛克菲勒（John D. Rockefeller）的女儿伊迪（Edith）住宅的设计工作，而且新近又接受了汽车的发明者和制造者亨利·福特（Henry Ford）家庭一处规模宏大的庄园工程的设计。就是在这种情况下，赖特做出了上述决定。凡·贝尔根（Van Bergen）回忆说，就在赖特即将离去前的几天，他“拜访了亨利·福特的工作室，赖特不再能够保持他往日的自信举止和风度”。[1] 由于他的突然离去，赖特承诺设计的建筑，包括上述美国两位重要工业家委托的建筑都不能完成，而赖特后来同洛克菲勒家族的交往也很冷淡。1909 年 9 月 20 日，赖特离开了橡树园，次月乘船前往欧洲。

---

[1] Grant Carpenter Manson, *Frank Lloyd Wright to 1910: The First Golden Age* (New York, 1958), p. 213.

第5章

欧洲与闪光的山峰（1909—1919）

赖特的下一个10年，往往被称为“迷失的岁月”，不仅是在事业蒸蒸日上的情况下突然停止正常运作，而且使他的声名一落千丈。赖特没有独自一人前往欧洲，而是到了纽约，同他的情人玛玛·切尼相会，玛玛·切尼抛弃了丈夫和孩子。在普拉扎酒店暂住几周后，他们于1909年10月乘船前往伦敦。赖特生涯中出现的出走欧洲这种戏剧性变化，他和玛玛之间的恋情丑闻反映在这样的事实上：从1899年至1909年，赖特设计了208座工程，其中114座工程付诸兴建；而从1909年至1919年他设计了121座工程，其中有56座得以兴建。[1] 然而认为这10年对于赖特是“迷失”的岁

---

[1] The only comprehensive list of Wright's works, both projected and realized, assembled by Bruce Brooks Pfeiffer of the Frank Lloyd Wright Archives, is published in Robert McCarter, *Frank Lloyd Wright* (London, , pp. 344—59).

玛玛·博思威克·切尼，约1901年。

月，却不完全与事实相符，因为在这10年间，赖特接受多家委托，设计并建造了一些伟大的建筑物，他设计的建筑工程被世界上更多的人所了解。

然而，赖特的国外之行对他具有非常重要的意义，这是他第一次有机会参观欧洲的伟大建筑。赖特首先到了柏林，他被卡尔·弗里德里希·申克尔（Karl Friedrich Schinkel）[1] 19

[1] 卡尔·弗里德里希·申克尔（Karl Friedrich Schinkel，1781—1841），德国建筑师、画家。以其在诸多相关艺术领域中的古典浪漫主义创作，成为当时德国的美学鉴赏权威。他以历史上各种建筑风格为依据，为威廉三世时期的德国及其王族设计了大量作品。——译注

世纪早期之作深深折服。次年，他访问了维也纳、巴黎，可能也访问了阿姆斯特丹，在这些城市，赖特仔细地研究了许多他的同代欧洲建筑师的作品，这些建筑师包括约瑟夫·霍夫曼（Joseph Hoffman）、奥托·瓦格纳（Otto Wagner）、亨德里克·贝尔拉赫（Hendrik Berlage）和彼得·贝伦茨（Peter Behrens）。被瓦斯穆特出版公司领导人称为“美国的奥尔布里希”的赖特，去达姆施塔特参观由约瑟夫·马里亚·奥尔布里希（Joseph Maria Olbrich）[1] 设计的马蒂尔顿霍赫艺术家居住区。与赖特同龄的奥尔布里希于 1908 年去世，年仅 40 岁。赖特还访问了 1898 年奥尔布里希设计的维也纳分离主义大厦，这一建筑的设计曾刊于《艺术工作室》杂志。赖特在欧洲的一年间，曾几次访问柏林，非常巧合的是，三位重要现代建筑师瓦尔特·格罗皮乌斯 [2]、路德维希·米

[1] 约瑟夫·马里亚·奥尔布里希（Joseph Maria Olbrich，1867—1908），奥地利建筑师，维也纳分离派创始人之一奥托·瓦格纳（Otto Wagner，1841—1918）的学生。他的设计具有新艺术派风格和现代派趋向。——译注

[2] 格罗皮乌斯（Walter Gropius，1883—1969），建筑师、建筑教育家。现代派建筑倡导者之一。原籍德国，1937 年移居美国，先后任哈佛大学建筑系主任和设计研究生院院长，1927—1957 年任现代建筑国际协会副会长，曾创建德国包豪斯（Bauhaus）设计学校及包豪斯学派。——译注

斯·凡·德·罗厄[1]和列·科布西埃[2]都同时在贝伦茨的柏林设计事务所工作。

切尼在国外的这一年有自己的日程。1910年，她在巴黎同赖特分手，独自去瑞典会见埃伦·凯伊，凯伊把切尼作为她的正式英文翻译。在其后的两年间，在赖特的帮助下，切尼翻译了凯伊的一些关于女权主义的著作，这时凯伊的著作在欧洲拥有广泛的读者。她的著作有《女性道德》(*The Morality of Woman*)、《爱与伦理》(*Love and Ethics*)、《易卜生与妇女》(*Ibsen and Women*) 和《妇女运动》(*The Woman Movement*) 等。[3]在欧洲期间，切尼还在莱比锡大学担任语言教学工作。

---

[1] 路德维希·米斯·凡·德·罗厄(Ludwig Mies van der Rohe，1886—1969)，德国建筑师。他发展了一种具有古典式的均衡且极端简洁的建筑风格。曾任包豪斯设计学校校长。国际风格建筑的代表人物之一。——译注

[2] 列·科布西埃(Le Corbusier，1887—1965)，生于瑞士的第一代国际风格学派建筑师。他抨击历史风格和当时流行的与结构无关的浮华装饰，捍卫功能主义和社会的新兴价值。其建筑理论和设计的作品对各国建筑师影响很大。——译注

[3] Anthony Alofsin, *Frank Lloyd Wright: The Lost Years, 1910—22* (Chicago, 1993), p. 93.

1910 年 3 月，赖特业已在佛罗伦萨定居下来，他在橡树园工作室雇用的最后一批制图员之一的泰勒·伍利（Taylor Wolley）和赖特的儿子劳埃德来到佛罗伦萨。劳埃德在 19 岁时就从威斯康星大学退学，同他父亲一起为瓦斯穆特专论而绘制百余幅设计图。赖特把日本版画出售给堪萨斯市的萨莉·凯西·塞耶（Sallie Casey Thayer），用所得收入支付他们的花销。他们开始在位于米开朗琪罗广场下方的一个叫作“福尔图纳”的小别墅居住和工作，这里向南跨过阿尔诺河就是佛罗伦萨历史遗迹中心地区。暮春时节，切尼也来到这里，他们又搬到在菲耶索莱的望楼别墅，菲耶索莱是距佛罗伦萨 8 公里的古老小镇，乘有轨电车到佛罗伦萨需要 45 分钟，这是欧洲最早出现的新型交通工具。[1]

在意大利期间，赖特心情很好，他为切尼和他自己在菲耶索莱的一个地方设计了一座小型别墅和工作室，这一建筑的 L 型方案预示了他于次年设计的塔利辛建筑群的设计方案。另一敏感和极少为人注意的关于这两位情人的轶事，是瓦斯穆特选集第 42 页中第 xxx 号设计图描绘切尼的住宅与

[1]　Anthony Alofsin, *Frank Lloyd Wright: The Lost Years, 1910—22* (Chicago, 1993), p.49.

一座令人惊异的富有动态感的工程方案，其名称是“一位艺术家的住宅”，显然这一住宅是为赖特自己设计的。这是整个选集中两座不同建筑物的设计方案出现在同一页面上的唯一例子。

赖特在瓦斯穆特选集的序言中写道，当他在意大利期间，他“享有研究意大利文艺复兴时期那些伟大建筑师和艺术家作品的特权，这些建筑师和艺术家如乔托（Giotto，约1266/1267—1337，14世纪意大利画家）、马萨乔（Masaccio，1401—1428，15世纪意大利画家）、布鲁内莱斯基、布拉曼特（Bramante，1444—1514，意大利文艺复兴时期建筑师）、桑索维诺（Sansovino，1486—1570，意大利文艺复兴时期雕刻家和建筑师）和米开朗琪罗（Michelangelo，1475—1564，意大利文艺复兴盛期雕刻家、画家和建筑师）。从他提到布拉曼特和桑索维诺，我们知道，除了在佛罗伦萨停留许多时日外，他还访问过罗马和威尼斯。据赖特回忆，他与切尼在参观了如佛罗伦萨的乌菲齐等博物馆之后，疲惫不堪地坐在长凳上，“贪婪地欣赏着那些建筑、雕塑和绘画的造型之美”。赖特对它们的描述与居住在英国的那位波士顿唯一神论者亨利·詹姆斯的描述非常相似。詹姆斯的游记曾以《在意大利的日子里》（*Italian Hours*）为题发表于 1909 年。詹姆斯赞扬佛罗伦萨菲耶索莱不同寻常的景观和乌菲齐博物馆处于顶层画廊那明亮而令人惬意的灯光。[1] 这些描述被詹姆斯几乎一字不变地用在小说《一位贵妇人的画像》（*Portrait of a Lady*）（1881）中。

瓦斯穆特选集的工作完成之后，赖特于 1910 年 9 月启程回国，途经伦敦，他会见了阿什比。赖特被带到科茨沃尔兹山地区的奇平·坎登，阿什比将他的手工艺协会于 1902 年从伦敦东区迁到这里。阿什比的手工艺协会建立初期是作为一种村落住宅形式出现，同汤因比庄园和赫尔住宅相似，是运用艺术和手工艺来改善邻近地区穷人的居住条件。阿什比的手工艺协会是在这个新的环境中一个孤立的社区，其成员在这里居住和工作。这种在一位艺术大师指导下的同业社区模式对赖特的影响，很快形成他自己的一种类似观念，他的同业社区构想可能就是来自这一经历。[2]

切尼仍留在德国，直至她于次年获准离婚，赖特则乘船返美。赖特于 1910 年 10 月 8 日到达橡树园，离开这里一年

[1] Henry James, *Italian Hours* (1909), in *Henry James: Collected Travel Writings, The Continent* (New York, 1993), pp. 545, 409.

[2] Andrew Saint, 'Wright and Great Britain', in *Frank Lloyd Wright: Europe and Beyond,* ed. Anthony Alofsin (Berkeley, ca, 1999), pp. 123—8.

之后，他受到妻子和子女们的欢迎。然而他面临的激烈批评却是他没有想到的；这些批评包括来自芝加哥多家报纸的头版文章，以及橡树园牧师们在其道坛上对他的谴责。起初，赖特似乎想修复他的名声，将他在橡树园的工作室改造为公寓住宅，以便得到租金来资助他的妻子。另在芝加哥商业区的交响乐大厅开辟一处办公地点，他的儿子劳埃德和约翰很快在这里开始实习。然而 1911 年，赖特在歌德大街为他自己设计了一处工作室和住宅，这一工程虽然没有付诸兴建，但显然表明他对妻子和家庭的一种真诚意图。

赖特在橡树园的生活结束了，现在他开始在威斯康星州的斯普林·格林附近设计一处住宅和工作室。起初，这里的建筑曾被假托为他的母亲安娜所建，因为她希望回到山谷地区同劳埃德·琼斯家族的亲戚们相邻。赖特把这里的住宅和工作室称为“塔利辛”(Taliesin)，这是一位古代威尔士诗人的名字，同时也有“闪光的山峰”之意。塔利辛建筑群环绕于小山之巅，众多高大的橡树不规则地围成一个中心庭院。赖特在这里建造了一种多功能建筑群，像一系列半独立的亭阁，被几条凉廊联结成为一道风景。这一建筑群中住屋部分的风格与草原住宅的风格迥然不同，这些住宅建筑形式不相对称，呈 L 形，围绕着花园庭院；岩

塔利辛的起居室，面向壁炉方向。斯普林 · 格林，威斯康星州，1911 年。

石墙体呈水平状，正如这些石料在采石场的形状；通过一排排玻璃窗向各个方向开放，由低矮杉木屋顶覆盖。塔利辛建筑群安卧在小山之侧，它同这里的乡村风光融为一体，看来好像是这里固有的一部分。从下方看去，塔利辛建筑群极像中国西藏拉萨的布达拉宫，赖特曾把布达拉宫的一幅照片悬挂在制图室内——这是除赖特之外的另一位建筑师的唯一作品被给予如此荣誉。

从塔利辛建筑群俯视下面的威斯康星河流谷地，赖特可以看到他于1896年设计的“罗密欧与朱丽叶”风车，而在山坡上有他于1902年设计的山坡家庭学校，以及星散于山谷中他母亲家族的多处农场。就是在这个“全能上帝的琼斯家族山谷”，赖特开始了他新的生活，玛玛·博思威克（Mamah Borthwick）[1]也于1911年秋来到这里。年轻的建筑师们不计这个隐匿之处的遥远与偏僻，再次来到赖特身边，在塔利辛建筑群十分亲切的制图室开始工作，制图室有来自四个方向的自然之光。在塔利辛工作的早期，赖特设计并建成的工程有赫伯特·安格斯特住宅、埃弗里·孔利游戏厅、加拿大班夫国家公园娱乐厅、日内瓦湖滨酒店、弗兰西斯·利特尔住宅和为他母亲在斯普林·格林建造的一座住宅。

赖特还继续他早些时候为中产阶级住宅和城市郊区设计新型建筑的工作，建造1908年设计的科莫果园工程，实现1909年设计的比特·鲁特镇方案，其中包括伊利诺伊州格林科伊的谢尔曼·布思的系列工程，这一工程于1911年开始设计，但直至1915年建成。1913年，为参加芝加哥城市俱乐部发起的一次建筑界竞赛活动，赖特设计了“城市四分之

---

[1]　离婚后她恢复了少女时的名字。——作者注

一平方英里居住地开发典型”，在这一规划中，公共、商业、社会事业和文化建筑融为一体，并有系列公园和私人住宅，以及“四条街区”结构规划，赖特于 1900 年首次提出这一设想。设计这种社区形式，意在促进美国丰富多彩的民主政治，社区内有 6000 个居民，是一种融居住、工作、购物和参与文化、体育活动为一体的城市社区，整个社区在步行 10 分钟的范围内——这些设想作为一种“新的城市生活特点”于新近被重新提出，但没有给赖特任何荣誉。

赖特于 1910 年在瓦斯穆特选集之中曾表示，他得到来自“日本观念”的启发。而他在 1912 年出版的《日本版画诠释》（*The Janpanese Print: An Interpretation*）中，尽管书名是关于日本版画，其内容却大都是赖特对自己的基本设计原则最为广泛的阐释和披露。在这本规模不大的研究文本中，赖特认为，美学与伦理学是一体的，“抽象”是善与美的融合，我们需要一种“规范和自律之力去观察”，从而超越“平实的、客观的、现实的，因而是不真实的”表面效应。他说：“几何学可谓形式的语法。它是建筑的原则。”[1]

---

[1] Wright, ‘The Japanese Print: An Interpretation’ (1912), in *Frank Lloyd Wright: Collected Writings, 1894—1930,* ed. Bruce Brooks Pfeiffer (New York, 1992), I, p. 117.

在这一时期，赖特对日本文化的迷恋可能已经超越纯粹收集版画的范围。1911 年，芝加哥的一位银行家同赖特共同举办过 1908 年艺术学院画展的美国研究日本版画著名专家之一的弗里德里克·古金（Fredrick Cookin），建议赖特接受东京帝国酒店的设计委托。从 1913 年 1 月至 5 月，赖特偕同博思威克前往日本，希望将这一委托确定下来，同时购买更多的木刻版画作品。1913 年，开始出现另一次经济萧条，这一时期，赖特接受了一些委托，但这些委托没有为赖特的塔利辛工程和国外旅行提供足够的资金。赖特找到他的客户和朋友达尔文·马丁，马丁是在首次聘用赖特时给予他最高酬金的总经理之一。赖特从马丁处得到一系列资金，这些钱基本抵偿了马丁从赖特的收藏中得到的日本版画。

1913 年，小爱德华·沃勒[1]委托赖特设计米德韦公园，这是芝加哥的一处公共娱乐和进餐场所。赖特回忆沃勒曾说："我想把一个花园置于这个处于烟洞、车道和沙龙的荒野。"赖特以他的最大工程之一、一个景观与建筑融为一体的设计方案回应沃勒的设想。这一建筑由保罗·米勒承建，在 300 平方英尺（90 平方米）的工地上，东侧沿主要大街

[1] 沃勒之子，伯尔纳的提议就是在沃勒的住处提出的。——作者注

的内门“冬季花园”，主体建筑是外门的“夏季花园”，有铺筑的道路和台阶的花园，这一系列景观中，层层下坡通向西端的户外音乐台。在米德韦花园设计中，赖特设想用砖“编织一种石造结构”，陶瓦、预制混凝土块料和彩色边料，使这一工程成为赖特最完整的“艺术作品”，其中包括对家具、照明装置、碟盘器皿、装饰模型和细部。其中许多部分由手工艺人理查德·博克（Richard Bock）和阿方索·亚涅利（Alfonso Ianelli）帮助制作。

这一工程从设计到建成是在惊人的 9 个月时间内完成，米德韦花园于 1914 年 7 月 27 日在尚未全部竣工的情况下举行了开放仪式。赖特回忆说，它的开放仪式成为“芝加哥从未有过的家喻户晓的社会事件”。夏季花园一端户外音乐台的音响设备被认为是“完美的”——这显示了赖特在阿德勒处接受的训练的结果。当年夏季的每一个周末，都有超过 17000 人购票聆听国家交响乐团的演出和观看俄罗斯安娜·帕夫洛娃（Anna Pavlova）的舞蹈表演，观众同时在米德韦花园内就餐。[1] 赖特后来写道：“让那些观看演出的人们难以忘怀的是，几千名穿着漂亮的女士们和身着小夜礼服的男

[1]　Paul Kruty, *Frank Lloyd Wright and Midway Gardens* (Urbana, il, 1998), p.38.

士们，在建筑物缤纷多彩的形式和灯光以及悦耳的音乐声中怡然自得的场面。这一场景对观赏者是一种极大的魅力，人们的活动和对话似乎是在梦境之中。”[1]

赖特的梦很快被无情地粉碎了。8 月 15 日，礼拜六，第一次世界大战爆发不久，赖特正在米德韦花园工地上吃午饭，他的儿子约翰在画一幅壁画，突然有消息说，塔利辛建筑群中发生了一桩骇人听闻的悲剧——大火和谋杀。他们乘第一班火车前往斯普林·格林，上车后遇到埃德温·切尼和一帮记者，从他们那里，赖特第一次听到事情的原委。一个精神错乱的仆人把餐厅的门全部拴住，放火烧房，并用短柄斧杀死屋内所有的几个人。玛玛·博斯威克、她的两个孩子和另外四个人被杀，塔利辛建筑群的居住部分全被烧毁。“塔利辛建筑群首先是为她而建……她走了”，赖特后来这样写道。这是对 47 岁的赖特永远无法安抚的打击。

然而对赖特而言，“以行动使痛苦得到安慰”。他重建了塔利辛，规模甚至比以前更大，把自己完全投入工作。他的妻子凯瑟琳仍然希望夫妻关系得到和解，但这是不现实的。1914 年末，赖特遇见米里亚姆·诺埃尔（Miriam Noel），一

---

[1] Wright, *An Autobiography* (1932), in *Wright: Collected Writings*, 1894—1930, ed. Pfeiffer, II, pp. 230, 234, 237.

位 45 岁的寡妇，她是田纳西州一位杰出庄园主和蓄奴主的女儿。战争爆发时，她住在巴黎，她是一位有成就的艺术家和艺术品收藏家。但赖特并不知道，她又是一个吗啡成瘾者。诺埃尔是在赖特生活非常需要的时候来到他的身边，只在后来她深深陷入毒品依赖的麻烦中，她的本性才逐渐显现出来。在其后的十几年间，他们的关系处于大起大落的风暴中，处于时而和好、时而分离的浪漫恋情中。赖特把这种情况描述为“从开始就处于一种混乱的纠缠中”。

在这个悲剧频频发生的时期，赖特于 1914 年在《建筑档案》杂志发表了他的第二篇论文，其标题仍是“为了建筑事业”（“In the Cause of Architecture”）。赖特在文中批评以前在橡树园他的一些助手使用他设计中使用过的某些形式：“因而，物所体现的风格是创造它的人——不要使用他的形式。”然而，在对他至今成就的感性评价中，赖特说：“目前尚未出现明显与我的作品相似的作品，美国的建筑面临推动其最终进入良好状态的一种动力。”[1] 的确如此，正如哥伦布博览会可能是激发芝加哥学派于 1893 年建立的诱因，赖特

[1] Wright, ‘In the Cause of Architecture, Second Paper’ (1914), in *Wright: Collected Writings, 1894—1930,* ed. Pfeiffer, I, pp. 137, 132.

关闭橡树园工作室，其结果导致草原学派建筑花朵的盛开。赖特以前的弟子们现在各奔前程，独立开业；离开了他的身边，但他的影响依然在扩大，尽管他批评这种影响的效果。

与此同时，在塔利辛，赖特在对一批委托进行工作，这些工作反映了他的设计特点的改变，这种变化来自他近来对美洲早期本土建筑的考察和研究，这就是哥伦布发现美洲大陆前古老的中美洲建筑。赖特曾于 1893 年在哥伦布博览会上看到对玛雅庙宇建筑规模完整的再现模型，他的雕塑助手阿方索·亚涅利，于 1915 年陪同他在圣迭哥的巴拿马–加利福尼亚博览会上又看到玛雅庙宇建筑模型的种种细部。[1] 这种更为粗重的特点可从下列建筑中看到：为艾琳·巴恩斯代尔（Aline Barnsdall）设计的剧院 [2]、基督教天主教派教堂、卡内基图书馆、凯尔舞蹈学院，以及为美国著名日本版画收藏家们设计的波士顿斯波尔丁版画陈列馆。这种新的建筑特点还表现在诸如 A. D. 盖尔曼仓库、赖特家乡的里奇兰中心，以及埃米尔·巴赫、亨利·艾伦和弗雷德里克·博克的住宅建筑中。

---

[1] Alofsin, *Wright: The Lost Years*, p. 225.

[2] 赖特于 1915 年首次遇见她。——作者注

这一时期，赖特最具魅力和规模宏大的设计，是为密尔沃基市的理查兹公司设计的“美国预制体系”建筑，为这些建筑绘制的图纸有上千份，其中包括几十座形式多样的建筑，如市郊单体住宅、市区住宅、两户合用住宅、市区联立住宅，以及公寓大楼建筑。所有这些建筑都是为美国中产阶级家庭设计，这些建筑的模数[1]构件由工厂大批预制，许多这种建筑的设计方案全部付诸兴建。

这一时期，许多新的学员前来同赖特一起工作，他们大都来自欧洲和日本，在这些地区，赖特的名声越来越高。这些人当中有安托南·雷蒙德（Antonin Ramond），是来自捷克的侨民，1916 年春同他的妻子诺埃米（Noemi）一起来美，远藤荒户（Arato Endo）来自日本，以及鲁道夫·欣德勒（Rudolph Schindler），一位奥地利侨民于 1918 年初来美。这些建筑师中的大部分都是为东京帝国酒店工程工作，赖特于 1916 年 2 月，在帝国酒店经理林爱策（Aisaku Hayashi）来访塔利辛时正式接受委托。从 1916 年至 1922 年，赖特多次前往日本，在日本，赖特除了办理关于帝国酒店的事宜外，还接受设计一批住宅

[1]　模数（module），在建筑中，为调节建筑物各部分的构造、尺寸和比例关系而拟定的一种测量单位。——译注

和公共事务大楼工程的委托，这些工程大都建成。

1917 年初，美国将站在英国一边，步入后来被称为第一次世界大战旋涡的情势逐步明朗。由于一贯主张进步的观点，赖特是一位热烈的和平主义者，一位强烈的早期反战的孤立主义者。在这一方面，他绝不是孤立的，因为当时有许多美国人自认为是进步运动中一部分，他们发现，进步阵营中的同路人伍德罗·威尔逊（Woodrow Wilson，1856—1924，美国第 28 任总统）总统改变了原来的中立政策，于是他们感到被出卖了。赖特的英国朋友阿什比试图说服赖特，但赖特仍然相信，导致这场战争的发生是不列颠的帝国主义政策，他深深同情的是德国，认为这个首先承认他的才华的外国是正义的。即使赖特的朋友、罗伊克罗夫特公司的创立者埃尔贝特·哈伯德（Elbert Hubbard），于 1915 年由于卢西塔尼亚号（*Lusitania*）英国班轮被德国潜艇击沉而葬身海底，[1] 赖特仍坚持自己的观点。

唯一神教教派的劳埃德·琼斯家族都是一些和平主义

[1] 卢西塔尼亚号（Lusitania），英国班轮，1915 年 5 月 7 日被德国潜艇击沉，间接促使美国加入第一次世界大战。当时，该轮由纽约驶向利物浦，被击沉后，1198 人葬身海底，其中有美国公民 128 人，引起美国人普遍义愤，1917 年美国对德宣战。——译注

者，他们坚持反战立场，72 岁的詹金·劳埃德·琼斯和他的妻子，与简·亚当斯及其他许多人一道，于 1915 年登上亨利·福特的著名"和平之轮"驶向欧洲，参与一场调解结束战争的运动。当他们返美后，人们诘问琼斯，他们前往欧洲所完成的使命是什么时，琼斯抚摸着白须回答说："我们对那些中立国家产生了深刻印象。"[1] 赖特和他的舅舅继续坚持反对美国参战的活动引起人们的严厉批评，联邦调查局开始对他们进行调查；琼斯主持的杂志《唯一神教》也被美国邮政部门查封。詹金·劳埃德·琼斯刚被取消禁令，于 1918 年 9 月停战协定签订前的两个月去世。[2]

曾于 1895 年和阿德勒共同结束与赖特的伙伴关系的沙利文，其事业一直在走下坡路。沙利文正在中西部完成一系列小镇银行的建筑工程，这时他给在塔利辛的赖特打电话。自他们的关系于 1893 年产生裂隙之后，相互的对话间或有之，据阿什比回忆，早在 1900 年，赖特就把他介绍给沙利文。只是在 1918 年之后，赖特与沙利文的关系才重归于好。

有人指出，赖特是在第一次世界大战期间唯一一位没有

---

[1] Edgar Tafel, ed., 'Robert Moses', *About Wright* (New York, 1993), p. 43.

[2] Meryle Secrest, *Frank Lloyd Wright* (New York, 1992), p. 264.

受到精神创伤的伟大建筑师，这种情况戏剧性地改变了欧洲一切艺术领域现代主义的本质。[1] 然而几乎与战争同时发生的赖特在塔利辛的个人悲剧，却改变了他的世界观，标志着赖特缓慢但坚定地从城市社会隐退的开端，也是他逐渐对城市以及控制和形成城市的经济力量采取一种否定态度。

1918 年，在对妇女援助组织所作的题为“芝加哥文化”的讲演中，赖特既称赞又批评了芝加哥，他称芝加哥为“基本上是美国精神的全国首都”，认为这座城市是美国民主文化中民主的最后和唯一希望。在这次重要讲演中，赖特还将“他的个人创新成就置于他所生活和工作的更为宽泛的背景中”。[2] 借用芝加哥社会学家罗伯特·帕克的观点，赖特写道：“在芝加哥这样一个庞大的工作室，创造之力萌芽发育……这是真正文化的种子。”接着赖特列举了芝加哥文化培育的文化精英，其中有建筑师路易斯·沙利文和约翰·韦尔伯恩·鲁特、景观建筑师詹·詹金、《诗歌》杂志创始人

---

[1] Otto Antonia Graf, ‘Enspacement: The Main Sequence from 4 to 6’, *On and By Frank Lloyd Wright: A Primer of Architectural Principles,* ed. Robert McCarter (London, 2005), p. 145.

[2] Gwendolyn Wright, ‘Architectural Practice and Social Vision in Wright’s Early Designs’, *On and By Frank Lloyd Wright,* ed. McCarter, p. 102.

哈丽雅特·门罗、社会批评家索尔斯坦·凡勃伦、作家乔治·埃德（George Ade）、汉林·加兰（Hamlin Garland）和林·拉德纳（Ring Lardner）、遐迩闻名的普罗大众辩护律师克莱伦斯·达罗（Clarence Darrow）[1]、宗教界领袖（赖特称之为“飞行员”）[2]、主教切尼（Cheney）、拉比·希尔施（Rabbi Hirsch）和詹金·劳埃德·琼斯、教育家弗兰西斯·帕克和约翰·杜威、“新戏剧”运动的领袖们唐纳德·罗伯森（Donald Robertson）和莫里斯·布朗（Maurice Brown），以及艺术家杰罗姆·布卢姆（Jerome Blum）、保利娜·帕克（Pauline Parker）、

---

[1] 1925年，达罗在芝加哥自愿为因教授达尔文进化论而受到审判的斯科普斯（John Scopes）担任辩护律师。——作者注
克莱伦斯·达罗（Clarence Darrow，1857—1938），美国律师，作为劳工律师闻名全美。1925年，他在田纳西州一个小镇戴顿（Dayton）举行的轰动全美的高中教师斯科普斯（John Scopes）因讲授达尔文进化论而被审一案中，自愿担任辩护律师。担任主控官的则是曾任国务卿和三次被民主党提名为美国总统候选人的威廉·詹宁斯·布莱恩（William Jennings Bryan，1860—1925）。布莱恩在审判结束两天后在戴顿去世。斯科普斯于1962年写的回忆文章中说，达罗“在戴顿镇小小的法庭上掀起的辩论风暴犹如一股清风吹遍了美国的学校和立法机关，随之而来的是日渐增长的思想自由和学术自由的新气象”。本书原文中所说上述审判发生在芝加哥与事实有悖。——译注

[2] “sky pilot”，飞行员，另有一意为“牧师”。

查尔斯·弗兰西斯·布朗（Charles Francis Browne）和洛拉多·塔夫特（Lorado Taft）等。

注意到芝加哥艺术学院是“美国最大和听众最多的著名艺术机构”之后，赖特在这里发表了对消费“文化”的严厉批评，这一批评集中于时尚潮流，他说，芝加哥“从沼泽中崛起”，是“世界的主要屠宰场”，它从外地“购买和借来……现成品”。他认为，“文化来自现实，而不是购买”[1]，“如果民主具有某种意义……它意味着对个人品格平易而确实的认同；民主的内涵是对个人品格的张扬和对文化毫无价值、庸俗的时髦之物的摈弃”。[2] 在这篇对芝加哥物质主义、经济繁荣背后伴随的道德沦丧和庸俗审美观尖锐批评的讲演稿中，赖特预言了于十几年后出版的约翰·多斯·帕索斯（John Dos Passos）[3] 伟大的小说《美利坚合众国》（*USA*）三部曲所描述的美国现状。

---

[1] 这是他借用杜威的一种基本概念。——作者注

[2] Wright, ‘Chicago Culture’ (1918), in *Wright: Collected Writings, 1894—1930,* ed. Pfeiffer, I, pp. 154—61 .

[3] 约翰·多斯·帕索斯（John Dos Passos，1896—1970），第一次世界大战后美国“迷惘的一代”主要小说家之一。他的《美利坚合众国》三部曲包括《北纬四十二度》（1930）、《1919 年》（1932）和《赚大钱》（1936），是描写美国贫富悬殊的长篇小说。——译注

第6章

东方花园与西方沙漠（1919—1929）

在《自传》的最长部分之一当中，赖特回忆说，从1919年至1922年，他生活在日本几乎有4年之久，为东京帝国酒店工程工作。[1]除在制图室内长时间工作外，赖特还几乎每天穿行在东京的大街上，有时在周末到乡下或别的城市旅游。他完全进入日本人的生活里，在家中，外出访问和旅游住旅店，他穿的都是和服。“日本住宅使我着迷，我常常用几个小时把日本住宅结构模型拆成许多部分，然后再把它们组合起来。”赖特这样写道。以前他只用这样的语言描述他自己的唯一神教教派礼拜堂。对他访问的日本住宅建筑，他

[1] Wright, *An Autobiography* (1932), in *Frank Lloyd Wright: Collected Writings, 1894—1930,* ed. Bruce Brooks Pfeiffer (New York, 1992), II, pp.244—65.

研究了室内草垫的模数，大约是 3 英尺宽 6 英尺长，可以作为他组织设计方案的数据；地板下有取暖设备，这一概念来自朝鲜；房屋同花园交织在一起，看不出房屋和花园的明确界限。赖特还参加饮茶仪式，学习由利休界说的饮茶仪式和冈仓觉三的《茶书》阐释的老子哲学。冈仓觉三就是为哥伦布博览会撰写关于凤凰厅小册子的作者。虽然《茶书》写于 1906 年，但赖特是从他的帝国酒店客户御藏男爵那里得到该书时才第一次读到。

“在东京，搜集日本版画成为我始终不懈的业余爱好。……有人说，我对日本版画着了迷。”赖特写道：“日本版画成为我生命中不可或缺的东西，这可能是你无法想象的。如果把日本版画从我的学习中摈除，不知我的整个事业将趋于何种方向。”正是在这一时期，凭借从帝国酒店工程得到的一笔可观酬金，赖特极大地扩展了他的日本版画收藏。赖特之子约翰后来写道，赖特“购买了大量东方艺术品，每天从清晨到深夜，艺术品商人蜂拥而至，在酒店走廊排成长队。当那些商人把古画交给他，他从制图板前的小凳跳起来，然后仔细审视它们”。[1] 赖特还为许多美国版画

---

[1] John Lloyd Wright, *My Father Who is on Earth* (New York, 1946); repr. as *My Father, Frank Lloyd Wright* (New York, 1992), p. 96.

收藏者代购版画，如波士顿的约翰和威廉·斯波尔丁（John and William Spaulding），他们收藏的版画后来捐赠给波士顿艺术博物馆；纽约大都会博物馆的采购人霍华德·曼斯菲尔德（Howard Mansfield）；堪萨斯城的萨莉·塞耶（Sallie Thayer），她的收藏后来捐赠给斯宾塞博物馆；以及芝加哥艺术学院的采购人弗雷德里克·古金。回到美国后，赖特可以毫不夸张地说，就日本版画而言，"美国拥有世界上最精美的收藏品"，这些收藏品大都是他在日本期间贪婪地购买而来。

赖特和诺埃尔住在一处有壁炉（"火总是在燃烧"）的公寓里，一台大型钢琴置于酒店内临时增建的一个部分，是由赖特于 1919 年设计。酒店的顶层有一个工作室和一个楼顶寝室。赖特写道，在这里，"我可以工作，不会干扰任何人，疲劳时可以倒在床上休息。"从塔利辛同赖特一起来到日本的，有亚拉图·恩多（Arato Enddo）、安托南·雷蒙德（Antonin Raymond）、赖特之子约翰和工程师与承建人保罗·米勒（Paul Mueller），他们都带着妻子。另外，为赖特配有一个很大的工作室，有多名日本青年制图员在这里工作，他们大都是刚从东京大学毕业的学生，为这座酒店工程绘制了 700 多幅图纸。

帝国酒店的设计方案同米德韦花园的设计有紧密的联

系，由众多房间构成长长的两翼为一个中心花园形成空间，花园内有公众活动场所，包括门廊、餐厅、剧院[1]、球场和娱乐厅，这些设施全由步行道联结一体。赖特写道，他的设计不是将外来的“现代”风格或美国建筑强加于日本人民，而是对“日本这个现代古国”表示敬意，是对日本住宅、庙宇和花园建筑传统的尊重：“帝国酒店的设计是一个花园、水中花园、也可称为花园中的凉廊联为一体的建筑体系——这样，整个布局成为不同形式花园的相互渗透。日本是一处花园之地。”[2]

赖特写道：“当我设计这座建筑时，地震的威胁从未离开我的脑海。”东京是世界上地震最活跃的地区之一。赖特的设计在各个方面都注意到这种事实，从他建议将建筑物置于60英尺（18.3米）深的松土之上，建造一种由直径为9英寸（228毫米）、8英尺（2.45米）深、中心为2英尺（610毫米）的几千条钢筋混凝土“钉”料构成的浅地基，再于同一水平上使用一种加厚钢筋混凝土板块将整个结构联成

[1] 剧院有一转动的舞台，是赖特于此前从日本歌舞伎剧院得到的启示。——作者注

[2] Wright, ‘The New Imperial Hotel, Tokio’ (1923), in *Wright: Collected Writings, 1894—1930,* ed. Pfeiffer, I, p. 177.

建筑师们在东京帝国酒店前合影。弗兰克 · 劳埃德 · 赖特在最左侧，戴白色防护帽，阿拉图 · 恩多站在赖特身后，保罗 · 米勒在他们的右侧，身着白色衣服。

一体。赖特还设计了一种悬臂支撑体系，用以承载地面的重负，“有如一个酒店侍者高举手臂端着盘子，手指处于中心部位——来平衡盘子的重量”。上述这些设计，虽然都是来自芝加哥早已在实践中得到确证的建筑中的基本规范[1]，但在日本却是从未经过试验的创新。赖特的这一设计开始甚至受到他的工程师保罗 · 米勒质疑。作为抵御地震的最后措施，赖特将这座建筑物分割为许多部分，每一部分的长度不超

[1]　首先由詹尼和阿德勒提出。——作者注

过 60 英尺（20.83 米），它们之间从顶层至楼基有许多衔接处——构成“联结一体坚如磐石的结构，以及砖和火山熔岩构成的马赛克表面”。

帝国酒店这一巨大结构，由 600 名工人施工达 4 年之久，其内壁是双层砖料砌体并浇入混凝土[1]，墙壁边缘用多孔赤陶块料和经过加工的当地奥亚石料砌筑，这是“一种可加工的轻火山岩，其重量与生长中的橡木重量相似”；上面用紫铜作顶，这是避免瓦片屋顶在地震时可能四处飞散而采取的措施，这种情况是地震发生时常见的现象。赖特以非对称结构设计了所有其他设施，其中包括壁画、客房用具[2]、餐具、亚麻制品以及统一的灯光固定装置，以补缀帝国酒店建筑本身结构对称的单调格局。

同欧洲和美国当代公用建筑相比，帝国酒店的照明设备相当晦暗，这显示了赖特对日本传统文化“晦暗之光”的理解的结果。在西方，建筑领域当时正在出现一种现代运动，即自启蒙运动以降，整个时代被称为“更多光明”的时代，据说歌德（W. Goethe）在临终前曾如此高声呼唤。与此相

---

[1] 一种罗马建筑技术，现在加入钢筋使之成为最新技术。——作者注

[2] 西方和日本传统两种风格。——作者注

反，赖特认为，没有黑暗为背景的光明是没有意义的，阴影属于经验的领域，他说："阴影本身具有光明的要素。"[1] 正如谷崎润一郎 [2] 在《阴影颂》(*In Praise of Shadows*)（1933）一书中说，居所中的"晦暗之光"是由阴影构成的："我们不是在事物本身发现美，美存在于阴影构成的各种造型中；光明与黑暗在互为背景中相应而生。如果没有阴影，将没有美。"值得注意的是，谷崎在这本书中只提到赖特设计的帝国酒店，他说，这座建筑的灯光是一种"间接照明设施，整体而言，这是一座令人惬意的建筑"。[3]

1922 年夏，帝国酒店工程接近尾声，赖特和诺埃尔起身回美。赖特之子约翰从父亲那里拿到薪金后已在此前回国，这是赖特从几个其他日本人委托的项目中得到的酬金。雷蒙德和恩多继续留在日本，他们后来事业成功；赖特之子劳埃

---

[1] Wright, quoted in Norris Kelly Smith, *Frank Lloyd Wright: A Study in Architectural Content* (New York, 1966), p. 180.

[2] 谷崎润一郎（Junichiro Tanizaki，1886—1956），日本现代小说家。1929 年后，他似乎开始探索日本人传统的理想之美。作品有《食蓼之虫》《细雪》等。——译注

[3] Jun' ichiro Tanizaki, *In Praise of Shadows* (1933; Eng. trans., New Haven, ct, 1977), pp. 38, 30.

德和鲁道夫·辛德勒（Rudolf Schindler）与赖特在加利福尼亚州共同工作数年。在日本的4年，赖特虽然完成了他一生中设计的最伟大的工程之一，但却严重影响了他在美国的事业。1919年，赖特只接受了三项工程的委托，而且都未兴建。尽管这一年美国经济有所复苏，但却是赖特整个建筑生涯中最坏的一年，在其后的10年间，情况有所好转。1919至1922年间，赖特接受了67项工程委托，其中17项工程得以兴建，5项是赖特家族的工程。从52岁至62岁，是赖特建筑生涯中的成熟期，却不是他的多产期。

这一时期赖特最重要的委托之一是来自艾琳·巴恩斯代尔（Aline Barnsdall），一位石油巨富的女继承人，未婚母亲，她是发生于20世纪初至20年代美国戏剧改革的重要参与者之一。巴恩斯代尔的密友建筑设计师诺曼·贝尔–格德（Norman Bel-Geddes）这样描述她："反复无常、无法捉摸、乖张执拗、倔强固执、慷慨大方。"后来证明她是赖特最令人生厌的客户。[1] 巴恩斯代尔于1915年首次遇见赖特，当时她负责芝加哥艺术馆大楼工程，赖特为该馆设计了其中的

[1] Kathryn Smith, *Frank Lloyd Wright: Hollyhock House and Olive Hill* (New York, 1992), p.17.

4 个展室。1915 年，巴恩斯代尔委托赖特设计芝加哥利特尔剧院，赖特设计了外方内圆的完美结构形式，但不久她迁往加利福尼亚州，在洛杉矶橄榄山购买了 36 英亩（14.5 公顷）土地，委托赖特设计另外一系列建筑工程。

赖特为橄榄山建筑设计的方案中保留了原有的橄榄园，而且实际上使用这里的橄榄球场作为建筑物定位和结构的模数。巴恩斯代尔规模宏大的住宅占据着小山之巅，整个山顶成为住宅的庭院，而剧院、导演住宅和演员公寓建筑则围绕在小山的坡地上。好莱坞大道两旁是街面商店和高台房屋，街道一端有一座影院。正如帝国酒店，剧院有一个旋转舞台以及可让演员与观众相互交流的空间，这是以前从未有过的。最后只有主体建筑用了混凝土制作的装饰物，有两座导演住宅建成。

霍利霍克住宅为长方形、平屋顶建筑，雕有带状装饰，大规模的内倾墙壁围成一个中心庭院。这些特征表明赖特在为帝国酒店建筑工作的 7 年期间建筑风格变化的特点。劳埃德·赖特于 1921 年对这一住宅建筑画的一幅鸟瞰图，与墨西哥乌克斯马尔地区的一座玛雅建筑农尼里四方院落建筑同一角度的形象十分相似，即从邻近金字塔形魔法神庙顶端来看的这座四方院落建筑的形象。从这一角度看的霍利霍克住宅建筑形象，是在橄榄山上任何角度都不能得到的，这种情况表明，劳埃德·赖特是按照农尼里四方院落建筑的照片来设计霍利霍克住宅建筑的，也表明了劳埃德和他的父亲对哥伦布发现美洲大陆前这一地区古老建筑的强烈兴趣，他们将这些古老的建筑作为本土建筑的一种理想形式。

赖特于1928年将霍利霍克住宅建筑公布于众，并于1942年宣称，这一建筑用混凝土建成，但实际上它们以木结构和拉毛灰泥粉饰而成。在赖特的整个建筑生涯中，一直努力在他的设计中将空间与形式、结构与使用的材料建立一种相关性，关注自然环境同建筑布局和结构的完美融合。在霍利霍克住宅竣工后不久，赖特谈到“材料特性”的问题——霍利霍克住宅建筑岩石结构沉重的形象同其木结构之间形成的伦理矛盾——回顾了1906年他首次建议在哈里·布朗住宅工程中使用混凝土这种综合建筑方法。

“混凝土板块系统”是将混凝土注入常规设计的各种形式中，这使赖特的几何模型设计用于块料的外观，把16英寸（406毫米）平方的块料用于墙壁，并将垂直和水平交叉的钢筋用于块料之间的空隙，然后再注入混凝土使它们固结成为一体。在使用这种建筑方式的过程中，赖特发现每平方钢筋混凝土使用混凝土“单位系统”的模数标准和结构质量的一种方法，而且在这种情况下，赖特首次称它自己为“编织师”，这是与“雕塑师”相反的一种称呼。1923年，赖特在洛杉矶建造了一系列这种混凝土板块住宅建筑，其中包括艾丽斯·米 拉德（Alice Millard）住宅、塞缪尔·弗里曼（Samuel Freeman）住宅、查尔斯·恩尼斯（Charles Ennis）住宅和约翰·斯托勒（John Storer）住宅。

在赖特和诺埃尔于1922年8月回到塔利辛后，诺埃尔和赖特的母亲安娜之间的紧张关系逐日恶化；到了秋天，安娜感到她不得不离开塔利辛。此后，她从未再回到塔利辛，直至1923年2月去世。赖特的妻子凯瑟琳最终于这一年末允诺与他离婚。11月，在不计米里亚姆·诺埃尔经常不断的大发雷霆的情况下，赖特同她办理了结婚事宜。然而，这并不能给赖特的个人生活带来平静，他的建筑事业同时也遭受一系列挫折。加利福尼亚州的莱克·塔霍避暑区、麦迪逊的纳柯马乡间俱乐部、在洛杉矶为巴恩斯代尔设计的幼儿园和剧院、日本的小田原酒店和洛杉矶马德雷群山上的多赫尼·兰奇游览区等这些大型工程都未能投入兴建。莱克·塔霍避暑区和多赫尼·兰奇游览区工程都成为当年震惊首都的蒂波特山丑闻的牺牲品。赖特的客户爱德华·多赫尼（Edward Doheny）是涉及这桩丑闻中的两名石油巨头之一。

1921 年 5 月，沃伦·哈定（Warren Harding，1865—1923，美国第 29 任总统）总统将国家石油保留地的监管权转交内政部，而内政部长却将保留地的专用权非法以无息转让，其交换条件是为共和党提供竞选经费。

帝国酒店于 1923 年竣工，同年 9 月初，东京遭遇日本现代史上最强烈的地震，城市的很大一部分被夷为平地。多家报纸刊登消息说，帝国酒店在地震中被毁，赖特在等待 10 天后，收到御藏男爵的电报："酒店完好地屹立着，它是你才能的丰碑。它为几百名无家可归者提供完善的服务。"[1] 赖特设计的"联体磐石"确保了大楼的坚固，而在最后预算中差一点被取消的酒店入口处的几个水池，在地震中为被大火焚烧的邻近建筑物提供灭火的水源。路易斯·沙利文在其 1923 年写的一篇论文中赞扬赖特的设计是"至今所有现代建筑师所达到的最高水平"。在他写于 1924 年初地震后的第二篇论文中，沙利文说，帝国酒店的设计"不是强加于日本

---

[1] Wright, *An Autobiography* (1932), in *Wright: Collected Writings, 1894—1930,* ed. Pfeiffer, II, pp.265 . Brendan Gill, in a book filled with similar baseless accusations, has questioned the authenticity of this telegram from Okura, but the original copy at the F. L. Wright Archives confirms Wright's story; *Many Masks: A Life of Frank Lloyd Wright* (New York, 1987), p.264.

人，而是向他们文化中的最优秀部分注入一种自由意志”。[1]

在 1923 年的论文中，沙利文还提到另外一件事，即外国建筑师作出的他认为是最适宜的设计——1922 年，芝加哥市首家报纸《芝加哥论坛报》（*Chicago Tribune*）招标设计新楼，赖特和沙利文都没能进入招标，但他们以前的一些同事赢得了这次招标，他们是瓦尔特·伯利·格里芬（Walter Burley Griffin）、威廉·德吕蒙（William Drummond），以及威廉·霍拉伯德（William Holabird）和马丁·罗奇（Martin Roche）公司。然而，欧洲人的介入后来受到社会的极大关注，包括德国“玻璃系列”的领导人布鲁诺·陶特（Bruno Taut）、魏玛包豪斯（Bauhaus）设计学校校长瓦尔特·格罗皮乌斯（Walter Gropius）和《装饰与罪恶》（“Ornament and Crimes”）（1910）的作者奥地利建筑师阿道夫·洛斯（Adolf Loos）。年轻的纽约建筑师雷蒙德·胡德（Raymond Hood）在招标中获胜，而沙利文却赞扬芬兰人埃利尔·萨里宁的设计是最好和最适用的。

---

[1] Louis Sullivan, ‘Concerning the Imperial Hotel’ (1923), and ‘Reflections on the Tokyo Disaster’ (1924), in H. T. Wijdeveld, ed., *The Life Work of the American Artist Frank Lloyd* Wright (Santpoort, 1925); repr. as *The Work of Frank Lloyd Wright: The Wend ingen Edition* (New York, 1965), 11 pp.123, 131 .

1924年，赖特与沙利文的关系再次亲密之时，沙利文离开了人世。在沙利文的葬礼上，赖特遇到奥地利建筑师理查德·诺特拉（Richard Neutra）和他的妻子迪奥娜（Dione）。之后，他们同赖特来到塔利辛。这时已经在塔利辛工作的有瑞士建筑师维尔纳·莫泽（Werner Moser）和日本建筑师土浦亀気（Kameki Tsuchiura）、德国建筑师埃里希·门德尔松（Erich Mendelssohn）也于同年来访赖特。至少部分地是对《芝加哥论坛报》招标的一种回应，赖特此时正忙于国家保险公司大楼的设计工作，该大楼地址处于芝加哥面对湖水的密歇根大街。这座摩天大楼与以往的任何大楼都不相同，这是对芝加哥地区传统的一座真正革新的建筑物，其结构通过悬臂梁而突出于中心支撑要素，正如一棵树的树枝，而其外层是由玻璃和紫铜构成的“帷幕墙壁”。在沙利文去世前不久，这一设计曾让他看过，他告诉赖特：“我自己永远不会设计这样一座大楼，但是我相信，没有我，你也永远不会作出这样的设计。”[1]

---

[1] Wright, ‘In the Cause of Architecture VIII: Sheet Metal and a Modern Instance’ (1928), in *Wright: Collected Writings, 1894—1930,* ed. Pfeiffer, II, pp. 309.

塔利辛制图室内部。理查德 · 诺特拉处于前部，赖特在左后部，约 1925 年。

这座芝加哥摩天大楼的主人是阿尔贝特·约翰逊(Albert Johnson)，约翰逊于同年还委托赖特设计一所有围墙的住宅和在加利福尼亚州莫哈韦沙漠中的死谷设计一座私人礼拜堂。美国西部的沙漠风光很快对赖特形成强烈印象。在为约翰逊工程工作期间，赖特在外界很少有人知晓的沙漠中为自己设计了一处寓所。这座简朴的居所位于一个由水泥墙壁围绕的八边庭院后部，其形状像一只碗口朝天的大碗，犹如在沙漠地平线上嵌入一个原始形态的露营帐篷。这是在莫哈韦沙漠中从未出现过的人工建筑物；然而，这片沙漠地带却对赖特此后生涯产生了巨大魅力。

1924 年 11 月，当赖特同他的朋友、画家哲罗姆·布卢姆（Jerome Blum）观看俄国舞蹈家卡尔萨维娜（Karsavina）在芝加哥的一次演出时，他遇见了奥格利凡娜·拉佐维奇·欣曾贝格（Oglivanna Lazovich Hinzenberg）。欣曾贝格生于蒙特内格罗，在沙皇俄国接受教育，自 1917 年成为一名舞蹈演员，后来是位于巴黎郊外枫丹白露的和谐启智学院（Institute for the Harmonious Development of Man in Fontainebleau）六位教师之一；和谐启智学院是由乔治·古尔捷耶夫（Georgei Gurdjieff）[1] 于 1921 年建立的。在芝加哥期间，奥格利凡娜正与其建筑师丈夫办理离婚事宜，这时赖特与米里亚姆已经分居六个月。赖特和奥格利凡娜相爱，三个月后奥格利凡娜同女儿斯韦特兰娜（Svetlana）来到塔利辛居住。

在此后的三年间，赖特和奥格利凡娜不断被米里亚姆纠缠和骚扰，在此期间，赖特只完成两项工程，是他建筑生涯

[1] 乔治·古尔捷耶夫（Georgei Ivanovitch Gurdieff，1872—1949），亚美尼亚哲学家，1921 年定居法国枫丹白露，创立和谐启智学院，1933 年被关闭。——译注

奥格利凡娜·拉佐维奇·欣曾伯格（后来的奥格利凡娜·拉佐维奇·赖特）与伊凡娜，约 1927 年。

中又一次的低潮。塔利辛于 1925 年 4 月再次遭受火灾，这次火灾原因是电线短路，赖特损失了一批他在日本购买的挂毯、屏风、青铜器和其他一些珍贵文物，他估计损失大约 50 万美元。但他收藏的日本版画幸免于难，因为这些版画藏于制图室地下的防火地窖内。赖特于 7 月请求米里亚姆办理离婚事宜，他与奥格利凡娜的女儿伊凡娜于 12 月出生。他们多次逃避米里亚姆要求警方拘捕他们的企图，1926 年，他们藏匿于明尼苏达州的明尼阿波利斯市。根据 1910 年通过的禁止卖淫的“曼法令”（“Mann Act”），他们被拘捕。现在联邦调查局以这项法令控告赖特，并威胁要将奥格利凡娜和她的两个女儿驱逐出境。

几乎与此同时，几家银行动议取消赖特的财产抵押，并没收赖特的塔利辛全部财产。赖特的朋友们以一贯忠诚的达尔文·马丁[1]为首，发起创立弗兰克·劳埃德·赖特联合体，购买赖特的住宅和他未来的全部设计成果。参加这个联合体的人有阿尔弗雷德·麦克阿瑟[2]、芝加哥大学历史学家费迪南德·谢维尔（Ferdinand Schevill）、诗人卡尔·桑德伯格（Carl Sandburg）、奎因·孔利（Queene Cooley）、室内设计师约瑟夫·乌尔班（Joseph Urban）、阿尔贡金“圆桌”（Algonquin “Round Table”）作者亚历山大·伍尔科特（Alexander Woollcott）、菲利普·拉·福莱（Philip La Follette）、赖特的辩护律师、威斯康星州的未来州长和总统候选人及进步党派领袖之子罗伯特·拉·福莱（Robert La Follette），以及赖特的姊妹简、赖特的朋友克拉伦斯·达罗作为他的法律顾问。

---

[1] 新近委托赖特设计在格雷克利夫的夏季住宅。——作者注

[2] 创立麦克阿瑟基金会家族的一个分支，美国“优秀人才奖励基金”的设立者，每年奖励优秀人才。——作者注

1927 年的前 4 个月，赖特和奥格利凡娜与赖特的姊妹玛吉尼尔·赖特·巴尼[1]同住在纽约市。一月，赖特在监督下被迫将他收藏的几百幅珍贵日本版画卖给安德森美术馆，总价值为 10 万美元。虽然赖特抱怨这段时间“在纽约是消磨时光，在纽约这个烤架上一天要死去一百次”，经受着这个城市的“单调、乏味和一成不变”，[2]然而正是在这一相对平静的时刻，他撰写了不同寻常的 14 篇系列论文，标题为“建筑问题”。这一系列论文是应《建筑档案》主编 M. A. 米克尔森（M. A. Mikkelsen）于 1926 年委托而作，分别刊登在该杂志 1927 年 5 月号至 12 月号上。赖特还开始撰写他的自传。

在美国，当许多人都在关注赖特的个人问题时，他在欧洲的名声越来越大。1926 年，海因里希·德·弗里斯（Heinrich de Fries）出版了关于赖特的一本小册子；1925 年，荷兰建筑师 H. T. 维杰德韦尔（H. T. Wijdeveld）在他的杂志《百科》（*Wendingen*）为赖特设立系列专辑，后来又将这些论文汇集出版《弗兰克·劳埃德·赖特作品》（*The Work of*

---

[1]　儿童书籍插图画家。——作者注

[2]　Wright, ‘The Pictures We Make’（1927）, in *Wright: Collected Writings, 1894—1930,* ed. Pfeiffer, I, pp. 215, 218.

Frank Lloyd Wright）单行本。这是一本赖特论文集，其中包括欧洲重要建筑师对赖特的评论文章，这些建筑师包括贝尔拉赫（Berlage）、J. J. P. 奥德（J. J. P. Oud）、罗伯特·马莱-史蒂文斯（Robert Mallet-Stevens）、门德尔松（Mendelssohn），以及沙利文关于帝国酒店的两篇论文。另外还有美国年轻作家和批评家路易斯·芒福德（Lewis Mumford）[1]的一篇文章，题目是“弗兰克·劳埃德·赖特的社会背景”（“The Social Background of Frank Lloyd Wright”）。芒福德的论文写于他的具有独创性著作《枝条与岩石》（*Sticks and Stones*）出版不足一年后。该文首先回顾了美国对欧洲影响的回应：从马克·吐温（Mark Twain）《傻瓜出国记》（*Innocent Abroad*）（1869）的“粗鄙”到亨利·詹姆斯在《美国人》（*The American*）（1877）中描写的“谦恭”和逆来顺受。芒福德写道，当代建筑师似乎面临一种抉择：或者完全拒绝现代技术而追寻传统形式，或者在工业和机器革命进程中追求一种纯粹模型艺术和生活——在这里，芒福德直接提出列·科布西

[1] 路易斯·芒福德（Lewis Mumford，1895—1990），美国斯坦福等大学教授，曾撰写大量有关建筑和城市规划方面的著作。《历史名城》一书获美国国家出版奖（1961）。1943 年受封为英帝国爵士，获英帝国勋章。1964 年获美国自由勋章。——译注

埃的作品。芒福德认为，赖特在关心恢复“人的中心地位”时，他再次将科学与诗融为一体，以及他对建筑和生活的有机结合，这些都表明，赖特是被上述两者遗弃的“无家可归者”，他的作品指向一种新的综合：“赖特创造了一种真正的地域性建筑形式。”[1]

赖特从 1926 年同芒福德开始书信往来，次年他们在纽约会面。芒福德成为赖特与美国出现的地域性建筑和规划运动之间的中介，是进步运动中涌现的杰出人物之一，这些人物还包括索尔斯坦·凡勃伦、约翰·杜威、《建筑档案》前总编辑以及《新共和国》（*The New Republic*）创刊人赫伯特·克罗利（Herbert Croly）、具有创造性著作《现代建筑》（*Modern Housing*）（1934）的作者凯瑟琳·鲍尔（Catherine Bauer）、伊利诺伊州公共建筑协会主席简·亚当斯等。从他对赖特作品“地域特征”的描述中可以看出，芒福德提出的建筑领域的地域主义概念，远在第二次世界大战后这一概念就开始流行。

1927 年末，赖特接到他以前在橡树园的故交阿尔伯特·麦克阿瑟的一项委托，帮助他和他的弟兄们在凤凰城设

[1] Lewis Mumford, ‘The Social Background of Frank Lloyd Wright’, in H. T. Wijdeveld, ed., *Work of Frank Lloyd Wright: Wendingen*, pp. 65—79.

计亚利桑那州比尔莫尔酒店，他们希望赖特运用混凝土板块系统建造这座酒店。1928年初，赖特开始在凤凰城工作，在这里，他遇到亚历山大·钱德勒（Alexander Chandler），亚利桑那州的钱德勒市就是以他的名字命名的。钱德勒委托赖特设计规模宏大的游览胜地系列工程，名字叫沙漠中的圣·马科斯。次年冬天，61岁的赖特感到威斯康星州严冬的刺骨寒冷，于是把他的事务所搬到钱德勒，在这里建起沙漠野营帐篷，并同家人住在一起。于是他与他的弟子们开始了这一系列工程的工作，这些弟子是海因里希·克隆（Heinrich Klumb）、唐纳德·瓦尔克（Donald Walker）、弗拉基米尔·卡尔菲克（Vladimir Kadimir）、赫伯特·弗里茨（Herbert Fritz）、赛勒斯·阿德勒（Cyrus Adler）、乔治·卡斯特纳（George Kastner）、威尔·韦斯顿（Will Weston）和他的儿子约翰。约翰在东京被“解雇”后，赖特近来又请他回来同他一起工作了7年。

赖特把这座野营帐篷称为奥卡蒂洛（Ocatillo），奥卡蒂洛是当地一种仙人掌类植物的名字。这座临时性帐篷居所包括围绕一个低矮沙丘竖起的15个尖顶帐篷，在起伏的地形上由板条墙连接起来，同周围群山成30度和60度角构成基本形状。帐篷顶部是展开的条形帆布，帐篷上的窗孔都有用

赖特同家人在汽车里，汽车处于奥卡蒂洛沙漠野营帐篷前，1929 年。

奥卡蒂洛帐篷内部，约翰 · 劳埃德 · 赖特在弹钢琴。

帆布制作的挡风吊帘，由类似船用索具装置控制这些挡风吊帘，因此可以保证这座建筑物内空气流通。在奥卡蒂洛短暂居住期间，可能是由赖特拍下的一张照片，照片中约翰·劳埃德·赖特正在弹钢琴，他的周围家具上和地板上散布着印第安纳瓦霍族人制作的编织物，桌子上有一台固定电话，整个室内沐浴在从头顶倾斜帆布透进的金色阳光里。

这段时间有一件事表明，赖特是一位宽厚和关心他人的人。雷夫德·约瑟夫·沃恩（Revd Joseph Vaughan）讲过这样一件事：1929 年，他到凤凰城的一家医院，“当我走进一间病房，一位身着羊毛衫和扎口短裤相貌不凡的绅士迎接我。一位名叫沙利文的年轻人躺在床上。”弗兰西斯·沙利文（Francis Sullivan）是赖特的一位弟子，自 1916 年开始就间断地同赖特一起工作，赖特把他带到亚利桑那州，希望有助于他的病情好转，可是那天上午他彻底垮了下来。沃恩继续说：“那天夜间我才知道，那位乐善好施的人就是世界闻名的建筑师弗兰克·劳埃德·赖特。当我次日早晨回到医院，赖特先生仍在病床边徘徊，那位奄奄一息的年轻人好像就是他的儿子。”在沙利文去世前，赖特一直守在跟前。[1]

---

[1] Patrick Meehan, ed., ‘Rev. Joseph A. Vaughan, SJ’, *Frank Lloyd Wright Remembered* (Washington, dc, 1991), pp. 196—7.

1927年夏，赖特终于能同米里亚姆离婚。1928年8月25日，赖特与奥格利凡娜在加利福尼亚州的兰乔·圣·菲结婚。赖特的事业同时也见好转：沙漠里的圣·马科斯工程浩大；他的外甥理查德·劳埃德·琼斯在俄克拉何马州图尔萨的混凝土板块结构住宅工程；雷夫德·威廉·诺尔曼·格思里（Revd William Norman Guthrie）于1926年委托的斯蒂尔教堂工程宏大，这是位于纽约的一座新教教会主教大教堂；格思里还委托设计一座在布弗里的圣·马尔克斯公寓大楼，这座大楼位于纽约同名教堂之侧。赖特还被邀作为北美洲的代表，同欧洲的埃利尔·萨里宁（Eliel Saarinen）和南美洲的霍拉西奥·阿科斯塔伊·拉腊（Horacio Acostay Lara）组成为在多米尼加共和国的桑托·多明戈修建克里斯托夫·哥伦布纪念灯塔举行设计招标的裁判团。这进一步表明，赖特的国际声誉越来越高。

然而在这一期间也有其他尚未解决的事件，例如，1929年米德韦花园的拆毁，这是禁酒时期倒闭的许多企业之一，而且永远无法恢复营业。列·科布利埃《走向新的建筑》（*Towards a New Achitecture*）一书出版后出现的热烈评论，赖特对此极为不满。赖特认为，这种情况表明，美国似乎只能接受新的现代建筑形式——第一次是25年前在芝加哥出现的情势——当时这种现代建筑形式就是来自欧洲。[1]亨利·拉塞尔·希契科克（Henry Russell Hitchcock）在《现代建筑：浪漫主义与复兴》（*Modern Achitecture: Romanticism and Reintegration*）（1929）中则将赖特划归为“新传统主义者”，而与被称为“新拓荒者”的列·科布西埃恰成对照；菲斯克·金博尔（Fiske Kimball）在《美国建筑》（*American Achitecture*）（1928）中为古典主义者辩护，而将赖特归于名为“逆潮流者”的阵营，独断赖特在情感上步马克·吐温的后尘，“对我自己死亡的报道被极大地夸大了”。[2]在上述两派观点辩论的情势中，赖特感到被边缘化了。

上述这些对赖特的不同评价反映了这样一种事实：赖特在20世纪20年代的10年间——也正是于1925年出版的F. 斯科特·菲茨杰拉德（F. Scott Fitzgerald）在《了不起的盖茨比》（*The Great Gatsby*）和西奥多·德莱赛在《美国的悲剧》（*An American Tragedy*）中描写的美国在狂欢中度过的10年——大致上被边缘化了。大多数人认为，对赖特生涯

[1] Wright, ‘Towards a New Architecture’ (1928), in *Wright: Collected Writings, 1894—1930,* ed. Pfeiffer, I, pp. 317—18.

[2] Wright, ‘Fiske Kimball’s New Book’ (1928), *ibid.,* pp. 319—20.

的致命打击是，从20世纪20年代后期，除了他的外甥理查德·劳埃德·琼斯的住宅之外，他的其他设计都没有付诸兴建。1929年10月29日，纽约股市崩盘，经济大萧条时期开始，导致美国经济在其后的4年里陷入全面停顿。

然而，赖特在这一时期开始的写作，其中包括他的自传，却使他找到了另一产生影响的途径。在这些写作中，他的许多语言似乎不是针对外界对他的批评，而是针对下一代年轻建筑师们，例如，像当时只有28岁的路易斯·卡恩（Louis Kahn）。在《百科》杂志的文章中，赖特写道："除却其……现代性不论，帝国酒店具有一种原始之力——它可追溯至建筑的本源。"[1] 1929年，赖特在《建筑档案》发表的一篇论文中抨击列·科布西埃和国际风格，赖特写道，所谓"现代，现在如此。它的以往总是如此，未来将永远如此"。[2]

---

[1] Wright, 'Facts Regarding the Imperial Hotel' (1925), *ibid.*, p.206.

[2] Wright, 'Surface and Mass—Again!' (1929), *ibid.*, p.326.

第 7 章

伙伴学校与正在消失的城市（1929—1939）

对于赖特而言，从 1929 年至 1939 年的 10 年间，开始是最坏的年代，而最后的几年却奇迹般地成为他的最好时期。当经济大萧条于 1929 年开始时，赖特 62 岁，建筑史学家和文化评论家都在其著述中认为，这是美国历史上最严重的经济危机，赖特已经从活跃的建筑实践中退出，其中不乏相当成功的建筑设计。实际上这是他 40 年建筑生涯中前所未有的经历。按照这些建筑史学家的说法，赖特“业已指出通向前景光明之路，但他自己却永远没有跨入这种希望之地”。[1] 从 1930 年至 1934 年的 5 年间，是赖特生涯中的最低

---

[1] Joseph Connors, *The Robie House of Frank Lloyd Wright* (Chicago, 1984), p.63.

点，其间，他被委托的16项建筑工程中只有一项得以兴建。在这个被称为他建筑生涯中“荒野年代”的最低点，赖特认为，他的将美国民主“呈现”于建筑形式中的理想依然没有实现。正如赖特的同代进步人士约翰·杜威在同一时期写道，回顾赖特尚未完成的计划，“在荒野中徘徊的40年，正像给予他的礼物，并不是一种悲哀的命运，只要人们让自己相信，荒野本身毕竟是希望之地。”[1]

尽管几乎普遍认为赖特的建筑生涯业已结束，然而正是在经济大萧条时期，赖特开始相信他是世界上最伟大的建筑师，如他在写于1930年的一篇未发表的论文中就这样表述过。[2] 赖特的这一信念与他的朋友亚历山大·伍尔科特（Alexander Woollcott）对他的鼓励有关，赖特经常同伍尔科特乘坐普尔曼列车前往芝加哥。1930年，伍尔科特在《纽约

[1] John Dewey, 'From Absolutism to Experimentalism' (1930), *The Collected Works of lohn Dewey: The Later Works, 1925—1953,* ed. Jo Ann Boydston (Carbondale, il, 1969—91), V, p. 160. Also quoted in Robert Westbrook, *John Dewey and American Democracy* (Ithaca, ny, 1991), p. 462.

[2] Wright, 'Poor Little American Architecture' (1930), in *Frank Lloyd Wright: Collected Writings, 1894—1930,* ed. Bruce Brooks Pfeiffer (New York, 1992), II, p. 17.

人》（*The New Yorker*）杂志发表文章说："这家杂志的编辑如果让我把'天才'一词只用于一个尚在世的美国人身上，我将把它留给弗兰克·劳埃德·赖特。"[1] 赖特认为，他的才能在于他将个人的尊严和高贵融入美国的民主之中，他的建筑视野进入了生活与大自然的和谐之境。赖特认为，虽然美国的"富裕甚至超越了我们自己的贪婪，生活在人们以前无法梦想的舒适环境中"，然而我们却不拥有创造性的文化。[2] 赖特逐渐产生这样一种认识："至今很少有人认识到，建筑是一种拯救人类文明的事业，而不仅仅是一种职业。"[3]

赖特写道，如果一个人不能建立自己的系列理论观念，就应以讲演的形式向人们宣示他的思想。1930 年 5 月，赖特向普林斯顿大学建筑系本科生作了 6 次讲演，这一系列讲演是由大都会歌剧院院长奥托·赫尔曼·卡恩（Otto Hermann Kahn）发起的。赖特的这一系列讲演以及后来出版的以此为

---

[1] Woollcott, *The New Yorker* (19 July 1930); quoted in Meryle Secrest, *Frank Lloyd Wright* (New York, 1992), p. 374.

[2] Wright, 'The Hillside Home School of the Applied Arts' (1931), in *Wright: Collected Writings, 1894—1930,* ed. Pfeiffer, III, p. 40.

[3] Kenneth Frampton, 'Introduction', in *Wright: Collected Writings, 1894—1930,* ed. Pfeiffer, II, p. 7.

内容的书，其题目是“现代建筑”（Modern Achitecture）。这一标题清楚表明，赖特旨在对出现于欧洲，尤其是国际风格（这一术语似乎由赖特造出）建筑作出回应，这种风格建筑在美国的影响越来越大。赖特在这6次讲演中提出：机械化和建筑材料的使用要考虑人的特点；重新界定设计同工业生产之间的关系；拒绝迎合形形色色时髦的建筑形式，而高扬作为“个人尊严和价值表现形式”、弥漫民主意识的建筑形式；抨击“纸板式建筑”的国际风格和倡导富有自由观念的草原建筑；摩天大楼的特点是作为“出租空间”为土地拥有者的利益服务而不是为居住者服务；以及辛辣抨击列·科布西埃在《光辉灿烂的城市》（*Ville Radieuse*）中，把个人称为城市机器中一个无名的齿轮：“每一个人都区别于他人，但每一个人都与他人没有区别。”赖特倡导一座建筑物的设计应“立足于人”“为人服务”，建筑应提供“文明背景和构架”——将他对建筑使命的界定扩展为展现美国文化的整体风貌。[1]

本来要求赖特作8次讲演，但他回答说，“6天之内造

[1] Wright, ‘Modern Architecture: Being the Kahn Lectures’ (1930), *ibid.*, pp. 20—79.

出世界，第 7 天这项工作就会进入我们的视域”，建议作 6 次讲演，再由一个展览会将这些讲演中提出的一些原则作进一步解释。[1] 这次展览展出 600 余幅照片和 1 000 幅制图，还有 4 种建筑模型。这些照片和制图首先在普林斯顿大学展出，后来相继在纽约建筑联合会、芝加哥、麦迪逊和密尔沃基展出。这一展览后来于 1931 年前去欧洲的阿姆斯特丹、柏林、斯图加特、安特卫普和布鲁塞尔展出，展览由维德韦尔·德·弗里斯和门德尔松等人发起，并得到他们的大力支持。为这次展览的欧洲之行，赖特派出他的会说德语的资深弟子海因里希·克隆布，前去协同安排有关事宜和在相关地点建立展厅。

同一年，一个新的世界博览会在芝加哥进行筹划，这就是“前进的世纪”博览会，时间定于 1933 年，这是哥伦布博览会 40 年后的又一次博览会。负责为此次博览会遴选工程师的工作由 1922 年《芝加哥论坛报》大楼设计招标中的获胜者雷蒙德·胡克和艺术学院培养的宾夕法尼亚大学

---

[1] Wright, letter to E. Baldwin Smith, 8 February 1930 , Frank Lloyd Wright Archives. Quoted in Kathryn Smith, ‘The Show to End All Shows’, *The Show to End All Shows,* ed. Peter Reed and William Kaizen (New York, 2004), p. 15.

教授、曾经教过路易斯·卡恩的保罗·克雷（Paul Cret）担任。克雷推荐赖特作为本次博览会工程师中的一员，但胡克反对，说赖特不能参与团队工作。道格拉斯·哈斯克尔（Douglas Haskell）在《国家》（*The Nation*）和《新共和国》杂志发表文章反对这一决定，芒福德也发表评论说，芝加哥"前进的世纪"博览会没有赖特的参与，如同"哈姆雷特"（"Hamlet"）中没有丹麦王子就不可能成为一出伟大的悲剧一样。[1] 尽管有美国两大进步出版物发出的反对声音，赖特最终还是没能参与这次博览会。

1931 年，赖特被邀将参与在纽约现代建筑博物馆举办的大型展览，这次展览由菲利普·约翰逊（Philip Johnson）和希契科克负责组织。然而，1932 年 1 月，赖特声称要退出这次展览，他给芒福德的信中说："考虑到可以与我的同事们走到一起，同意参与这一事件。"但听说只有列·科布西埃和米斯·凡·德·罗厄参与，后来发现胡克也将参与这次展览。赖特称，胡克的生前与死后，都是一个"折中主义者"，

---

[1] Lewis Mumford, 'Two Chicago Fairs', *New Republic,* 65 (21 January 1931), p. 272. Quoted in Bruce Brooks Pfeiffer and Robert Wojtowicz, eds, *Frank Lloyd Wright and Lewis Mumford: Thirty Years of Correspondence* (New York, 2001), p. 15.

一个模棱两可、态度暧昧的人。赖特还认为，诺特拉在塔利辛待了 9 个月后出卖了他的名声。[1] 芒福德认为，如果赖特不参与这次展览将是一场“灾难”，极力劝他参与这一事件。赖特为 1932 年举办的“国际风格”建筑展览会而设计的“台地上的建筑”，同所处地区的环境、气候、光线，以及材料使用和荒芜环境中自然植被之间的关系，以展示其地域风格。赖特根据具体地点不同而设计的富有地域特征的建筑，是对控制这次展览的、没有地域特点、“千篇一律”的国际风格建筑的尖锐批评。

约翰逊和希契科克虽然没有将赖特作为国际风格建筑的先驱写进这次展览会的便览中，但赖特于同年出版的《自传》却对他的建筑生涯注入更加深远的意义。赖特的朋友伍尔科特写道，赖特的写作风格深受卡尔·桑德伯格（Carl Sandburg）《亚伯拉罕·林肯》（*Abraham Lincohn*）、《草原岁月》（*The Prairie Years*）写作风格的影响，这两本书均在 1926 年出版，而赖特正在此时开始了《自传》的写作。赖特

[1] Quoted in Bruce Brooks Pfeiffer and Robert Wojtowicz, eds, *Frank Lloyd Wright and Lewis Mumford: Thirty Years of Correspondence* (New York, 2001), p. 123.

同桑德伯格的友谊和他对林肯的钦佩与尊敬都是事实，他们都是赖特撰写自传的榜样。赖特《自传》的出版获得巨大成功，受到广泛关注和热烈评论。三年后经济萧条时期结束，赖特的建筑生涯也获得重生，而且赖特在许多建筑学校下一代学生中的影响越来越大——从1949年至1957年，路易斯·卡恩任教于耶鲁大学，他的一位学生曾说："每人的臂下都夹着一本赖特的书。"

正是在这一时期，在现代国际风格建筑展览会刚刚结束后，欧洲许多移居国外的建筑师和教师开始前往美国。盖世太保于1933年关闭了包豪斯设计学校后，约瑟夫·阿伯斯（Josef Albers）任教于黑山学院，该学院于同年在北卡罗利纳创办。瓦尔特·格罗皮乌斯于1938年被任命为哈佛大学建筑系主任，同他一起来哈佛任教的还有马塞尔·布鲁尔和马丁·瓦格纳，同年拉兹洛·莫霍伊−纳吉（Laszlo Moholy-Nagy）和米斯·凡·德·罗厄前往芝加哥任教。米斯被任命为阿穆尔学院（创办于1893年，后来更名为伊利诺伊技术学院）院长时，赖特受邀对米斯进行介绍。然后发生的情况如何，人们的回忆有所不同，但大多数人的意见是，赖特面对众多高官显贵，站起来，他开门见山地讲到他自己对欧洲现代建筑发展的影响，接着说："我把米斯·凡·德·罗厄介绍给你们了。”然后坐下。

在《现代建筑》一书中，赖特曾对美国当时面对的困境提出两条建设性解决办法，倡议在全国乡村地区建立工业设计教育中心，提出美国的城市化，将毫无选择地必须从作为“出租空间”令人窒息的垂直摩天大楼建筑，向横越广袤草原大地独立土地所有者分散而低矮建筑的方向发展。赖特认为，“区别于城市化的乡村化是美国国情所决定，草原建筑真正体现了民主内涵”；城市发展的分散趋势是“不可避免的和人们所希望的”；城市的分散化将导致其超越传统城市而步入“社会发展的优越前景”——由于汽车的普遍拥有，收音机与电视机电子通讯设备和出版业的发展，使城市文化进入每一个家庭而导致传统城市的形成；“一个家庭占有一英亩面积的居住空间，应是民主诞生的最低空间限度”；在适度大的自由空间内，应以教育引导人们的生活兴趣，在享有太阳、光明和空气的基本条件下，自由发展其个人特性。[1]

---

[1] Wright, ‘In the Cause of Architecture: A Confession’ (1930), in *Wright: Collected Writings, 1894—1930,* ed. Pfeiffer, I, p. 347. ‘Modern Architecture: Being the Kahn Lectures’ (1930), *ibid.,* II, pp. 74—7.

赖特的上述思想其原有自。赖特去世不久，他的作品和思想被认为是“知识阶层排斥城市”这种美国传统的极端表现——这种传统始于托马斯·杰斐逊为乡村土地所有公民的辩护，其后由爱默生、梅尔维尔、纳撒尼尔·霍桑(Nathaniel Hawthorne)、梭罗、亨利·詹姆斯、威廉·詹姆斯、弗兰克·诺里斯和西奥多·德莱赛予以继承和发展。[1]然而，赖特的观点与其同代人亚当斯、杜威和芒福德对城市的批评之间的主要区别，也是这种传统中的一部分。杜威、亚当斯等人坚信，在小范围的城市近郊社区内，通过面对面的交往，同样可以彰显民主的价值，而赖特越来越相信，通过驾车旅游和电子通讯，在独立的乡村居民分散人口中，依然能够体现民主的优越性。

在进步运动阵营内部，传统城市模式的最后消亡早已被预料到，乔赛亚·罗伊斯（Josiah Royce）于 1920 年倡导一种“高度乡土观念”是民主的唯一希望，弗雷德里克·豪(Frederick Howe）于 1905 年写道：“人口必须分散。”[2]亨利·福特于 1921 年建议，亚拉巴马州的穆斯克尔·肖尔斯市其长度应为 75 英里（120 公里），提倡一种“地面”上的

[1] Morton and Lucia White, *The Intellectual versus the City* (Oxford, 1962).

[2] 同上，pp. 177—9。

工业和住宅，分散城市布局，这一设想正如赖特在《现代建筑》一书中赞扬福特的观点。赖特在他的《正在消失的城市》（*The Disappearing City*）（1932）一书中提出“宽阔的城市”，这一概念也是受到多方面的影响而形成，其中包括被流放的俄国王子、无政府主义者彼得·克鲁泡特金（Peter Kropotkin）[1] 的《田野、工厂和工场》（*Fields, Factories and Workshops*）（1898）。在该书中，克鲁泡特金预言，电力与交通网络和高速公路将导致城市和国家的出现；亨利·乔治的《进步与贫穷》（*Progress and Poverty*）（1879），乔治在书中提出取消土地私有制和实行单一税制；以及 H. G. 韦尔斯（H. G. Wells）的《科技进步对人类生活和思想所产生影响的展望》（*Anticipations of the Reaction of Mechanical and Scientific Process upon Human Life and Thought*）（1901），韦尔斯预言，人口将散布在广阔的乡村，他们的生活设施被他称为“实际上是一些自动化的住宅”。[2]

---

[1] 克鲁泡特金（Peter Kropotkin，1842—1921），俄国无政府主义者，地理学家。主张消灭私有制，废除一切国家政权。著有《现代科学与无政府主义》《冰河期之研究》等。——译注

[2] Alvin Rosenbaum (*Usonia: Frank Lloyd Wright's Design for America* (Washington, dc, 1993), p. 108) believes Wright was given Wells's book in 1931 by the Willeys, his only house clients of this period.

赖特在《现代建筑》中还建议建立一种学徒制学校，他倡导在生活经验基础上的一种综合性教育体制，类似中世纪因材施教的学徒制教育体制。在他于1909—1910年的第一次欧洲之行期间，赖特考察了奥尔布利希在达姆施塔特的“艺术家”群体和阿什比设在奇彭·坎普登的手工艺人协会。随后赖特又读了芒福德的第一本书《乌托邦的故事》（*The Story of Utopias*）（1922）。1930年5月，赖特和奥格利凡娜暂住其已故友人和从前的客户埃尔贝特·哈伯特（Elbert Hubbard）在纽约州巴法罗附近东奥罗拉市的罗伊克罗夫特社区，赖特的客户希思一家也住在这里。20世纪20年代，赖特对建于德绍的包豪斯十分熟悉，这是一所应用艺术学校，由格罗皮乌斯设计的这座建筑内有车间和宿舍。赖特的朋友埃利尔·萨里宁，于1929年建于密歇根州布隆菲尔德山上的克兰布鲁克学校，也许是最诱人的一个典型，其中有为艺术家和手工艺人使用的车间和工作室。另外，赖特还通过妻子奥格利凡娜，对设在枫丹白露的古尔捷耶夫和谐启智学院的情况很熟悉。

赖特重视直接经验和因材施教的教育理念，符合当代高等教育发展趋向，赖特关于教育的许多观点都受到他的朋友约翰·杜威的影响。赖特熟悉的两个例子是亚历山大·米克尔约翰（Alexander Meikeljohn）于 1925 年创立于麦迪逊的威斯康星大学的实验学院，芒福德曾执教于此；另一个例子是杜威、赫伯特·克罗利和索尔斯坦·凡勃伦于 1919 年创建于纽约州的新社会研究学校。最引人关注的一所同类学校，是约翰·赖斯（John Rice）和另外几个人在被设在佛罗里达州的罗林斯学院解聘后，于 1933 年建立的黑山学院，这所学院聘请的教师中有约瑟夫·阿伯斯（Josef Albers）、安妮·阿伯斯（Anni Albers）、约翰·凯奇（John Cage）、梅斯·坎宁安（Merce Cinninham）、威廉·德·库宁（Willem de Kooning）、理查德·利波尔德（Richard Lippold）、罗伯特·马瑟韦尔（Robert Motherwell）、查尔斯·奥尔森 Charles Olson）和罗杰·塞申斯（Roger Sessions）。

赖特开始将他的学徒制学校称为山坡家庭应用艺术学校，后来更名为塔利辛伙伴学校。在该校正式开学前，赖特将校长的职位交与维德韦尔（Wijdeveld），维德韦尔于 1931 年来到塔利辛同赖特面议此事。当赖特发现他的这位德国朋友不接受他的安排时，就收回了这项允诺，在给芒福德的一封信中赖特写道，维德韦尔把我的自我中心态度作为一种色彩放进光谱里，而他自己却是光谱中的所有色彩。这使我大

赖特坐在桌子前，周围是他的弟子们，在他们中间有约翰·豪、吉恩·马斯林克、威廉·维斯利·彼得斯和约翰·劳特纳，约1935年。

为吃惊，我感到忍无可忍。[1]芒福德同米尔克·约翰后来都谢绝了赖特请他们担当伙伴学校校长的邀请。赖特决定他和奥格利凡娜共同担当该校校长。1932年10月，塔利辛伙伴学校开学，赖特向每一位学员收取675美元的学费（不久后学费提高到每人1100美元），另外还有“伙伴学校友人”的

[1] Pfeiffer and Wojtowicz, eds, *Frank Lloyd Wright and Lewis Mumford*, pp. 117—18.

捐款，其中有《纽约人》杂志的全体写作人员、建筑师埃里希·门德尔松、巴克敏斯特·富勒、米斯·凡·德·罗厄和阿尔贝特·卡恩、摄影师爱德华·斯泰肯和阿尔弗雷德·斯泰格利茨、画家乔治亚·奥基夫（Georgia O'Keeffe）、诗人卡尔·桑德伯格（Carl Sandbur）、交响乐指挥家利奥波德·斯托科夫斯基（Leopold Stokowski），以及阿尔伯特·爱因斯坦（Albert Einstein）和约翰·杜威等。[1]

塔利辛伙伴学校平时大约有 25 名学员，1934 年的学员中有伊丽莎白·鲍尔（Elizabeth Bauer，凯瑟琳的妹妹）、尹良（Yen Liang）、杰克·豪（Jack Howe）、威利茨·伯纳姆（Willets Burnham，丹尼尔的侄孙）、本尼·东巴（Benny Dombar）、威廉·韦斯利·彼得斯（William Wesley Peters，不久与赖特的养女斯韦特兰娜结婚）、埃德加·塔费尔（Edgar Tafel）、鲍勃·莫舍尔（Bob Mosher）、布兰·德拉克（Blaine Drake）、卡里·卡拉韦（Cary Caraway）、伊丽莎白·卡斯勒（Elizabeth Kassler）、凯·拉滕伯里（Kay Rattenbury）、约翰·劳特纳（John Lautner）和尤金·马斯林克（Eugene Masselink）。马斯林克于 1933 年代替卡尔·詹森作为赖特的

[1]　Rosenbaum, *Usonia,* pp. 100—101.

秘书。门德尔·格利克曼（Mendel Glickman）不久作为工程学教师来到塔利辛，他和彼得斯主要负责赖特结构创新的工程设计。几个在伙伴学校建立前就同赖特一起工作的建筑师以高级学员身份继续在这里工作，其中最著名的是海因利希·克隆布（Heinrich Klumb），克隆布是主要制图人。1934年，克隆布离开塔利辛，豪接替了他的工作，开始同路易斯·卡恩一起工作不久，后来在普埃尔托·里科继续其成功的建筑生涯。

伙伴学校学员们头几年的工作大致包括对塔利辛建筑群

塔利辛制图室，约 1934 年。

的建筑和景观进行一些改造和修补，首先从赖特于 1902 年为其两位姑母设计的山坡家庭学校开始，在这座建筑中，学员们增加了一间制图室，其周围是宿舍。被赖特称为“志愿者”的学员们从事艰苦的建造、耕作、炊事、清洁和绘图工作得不到报酬，致使赖特的一些亲友讽刺说，赖特发明了一种新的奴隶制度。根据不同类型的工作——在田野里、建筑工地上和绘图室里，由建筑师师傅用“范例教育”的方法进行指导——辅以音乐、电影、戏剧和阅读为内容的文化熏陶。伙伴学校可被理解为一种酷似隐修院的组织形式，与赖特所谓的中世纪教育典型非常接近。然而，经济大萧条时期塔利辛的日常生活却令人惊异地具有现代特征，一个很好的例子是，赖特定期在山坡学校内新建的剧院为学员们放映电影，放映的电影包括赖特个人最喜欢的《谢尔盖·艾森斯坦》（*Sergei Eisenstein*）以及《勒内·克莱尔》（*Rene Clair*）、《查利·查普林》（*Charlie Chaplin*）和《F. W. 穆尔诺》（*F. W. Murnau*）。

在这个阴郁的时期，赖特仅有的客户是马尔科姆（Malcolm）和南希·威利（Nancy Willey），赖特接受了他们在明尼阿波利斯市建造一种简朴的中产阶级住宅的委托，对此他们既高兴又惊讶。当赖特与威利一家人一同走过塔利辛的工作室时，威利注意到一块广告牌上贴有一则广告："瞧！地平线上走来一位客户。天哪，他不会在这个地球上消亡。"赖特诙谐地回答说："我不晓得是哪个家伙搞的。"[1]这可以作为在1932年，塔利辛急需实际的工程委托的一种迹象。实际上，威利的住宅形式作为一种典型的美国中产阶级住宅建筑，非常适合赖特此时规划的广阔城市的整体布局。另一惊人的巧合是，马尔科姆·威利于前一年写了一个向总统呈送的地区规划报告，在报告中，他建议将电子通讯和汽车交通发展成为一种网络，以便更好地服务于分散居住的人口，这一思想同赖特的广阔城市概念非常吻合。[2]

广阔城市概念，直接来自赖特于1913年在芝加哥城市俱乐部四分之一区域设计招标中的建议，赖特提出文化和商业空间交织的一种"一英亩私人住宅"的连续建筑景观。与此同时，在经济大萧条的年月，富兰克林·德拉诺·罗斯福（Franklin Delano Roosevelt）的新政鼓励自耕自给的生存农业，广阔城市是一种农耕社会理想，是在田野上发展农业和建造住宅，从而遮蔽了历史上形成的城市文化。然而情况还

---

[1] Rosenbaum, *Usonia,* p.106.

[2] 同上，p.105。

远不止于此，在杰斐逊路易斯安那购地的基础上，广阔城市中以每 4 平方英里（10.36 平方公里）为单位，通过电讯交往和个人迁移，培养一种新的社区认同意识，从而发展成为一种自然经济的自然之家，同土地构成和谐的生态环境。

广阔城市概念反映了赖特关于土地使用的一种理想，其目的在于改善人居条件和人际关系而不是进行房地产投机——这种人际关系在拥挤的传统城市和分散的乡村农业社会中都是不可能出现的。以广阔草原环境中这种新的生活理想为前提，赖特还将弗雷德里克·杰克逊·特纳于 1893 年所作讲演联系起来，从而彰显进取意识和开拓精神对美国民主的实现所具有的重要性。赖特写道："我们的拓荒年代尚未结束……但正待我们开拓的前沿领域业已发生变化……目前正待我们开拓的领域即在于这种新的前沿地带：打破集中，实行疏散。"[1]

赖特为广阔城市设计了所有基础设施和建筑形式——工厂除外，他说，阿尔贝特·卡恩的设计是最好的。赖特的许多设计，尤其是他所描述的"环境优美的宽阔公路，平面交

[1] Wright, 'The Disappearing City' (1932), in *Wright: Collected Writings, 1894—1930,* ed. Pfeiffer, III, pp. 111—12.

叉路口的消失，‘路边’住宅区、过时的电报电话线杆和色彩耀眼的广告牌的消失”。住宅周围美丽的公园[1]这一设计明显受到其外甥罗伯特·摩西（Robert Moses）的影响。摩西是纽约州的一位公园设计师和高速公路规划师，罗伯特·卡罗（Robert Caro）在其撰写的获得普利策奖（Pulitzer Prize）的传记《权力代言人》（*The Power Broker*）中为其作传。摩西曾于 1929 年沿长岛一线开发琼斯海滨，而且同时完成长岛至纽约市之间园林式公路系统与新型公园的连接工程。赖特与摩西有一种共同信念：从长远观点而言，汽车对美国城市、自然景观和人们生活方式都具有益的影响；75 年之后，事实证明这一信念过于乐观。

正在这一时期，赖特遇到不仅是一位客户，而且是一位真正的赞助人和支持者，他就是埃德加·J. 考夫曼（Edar J. Kaufmann）。考夫曼是宾夕法尼亚州匹兹堡市考夫曼百货公司的拥有者。与考夫曼之子、小埃德加·考夫曼后来编造的神话相反，并不是他本人于 1934 年 10 月被塔利辛伙伴学校录取后，使他的父亲和赖特走到一起，而是至少在此前一

---

[1] Wright, ‘The Disappearing City’ (1932), in *Wright: Collected Writings, 1894—1930,* ed. Pfeiffer, III, p.91.

年，赖特和考夫曼就寻求相互认识的机会。他们之间的交往很多：如 1934 年，菲利普·约翰逊请求考夫曼对现代风格建筑展览会的支持，赖特设计的建筑模型依然在这里展出；室内装饰设计师是赖特和考夫曼二人的朋友；以及考夫曼的建筑专家凯瑟琳·鲍尔（Catherine Bauer）[1] 是赖特非常熟悉的人。由此看来，小考夫曼前往塔利辛伙伴学校学习，实际上很可能是他父亲的主意。就在其儿子被该校录取仅 5 天后，考夫曼就给予赖特在匹兹堡一系列工程委托。他们于 1934 年 11 月相见时，赖特请求考夫曼提供资金，为他理想中的广阔城市建造一批样板建筑。[2]

赖特和伙伴学校在亚利桑那州的钱德勒市度过了 1934 和 1935 年之间的冬天，亚历山大·钱德勒委托赖特在此建造经过缩减的一批工程。钱德勒在这个拉·哈西安达的牧场上为他们提供住宿和工作用房，一个周围是许多房间的中心庭院成为他们的工作场地，在这里，学员们建造了一个 12 平方英尺（3.66 平方米）代表 4 平方英里的广阔城市模型，以及赖特设想的城市中主要建筑形式的多个模型。其中的一个

[1] 芒福德的情人和塔利辛伙伴学校学员伊丽莎白之妹。——作者注

[2] Franklin Toker, *Fallingwater Rising* (New York, 2003), pp. 112—25.

赖特同弟子们在广阔田野城市模型周围，农场庭院内，钱德勒市，亚利桑那州，1934 或 1935 年。

大模型[1]曾在艺术与工业全国联盟第二届工业艺术博览会上展出，这次博览会与 1935 年 4 月在纽约洛克菲勒中心开幕。

广阔城市模型后来又于 1935 年在华盛顿特区科科伦艺术馆展出，赖特给罗斯福总统去信邀请他参加展览的开幕式。赖特于 1931 年开始与罗斯福交往，他给当时还是纽约州州长的罗斯福寄去一期《现代建筑》杂志。此时“新政”

[1] 考夫曼资助 7000 余美元建造。——作者注

已在实行中，但尚未见到明显成效。罗斯福政府的移民安置管理署开始了第一项工程新泽西州移民定居点，该定居点由阿尔弗雷德·卡斯特纳（Alfred Kastner）和路易斯·卡恩设计。这一工程涉及对 200 名犹太纺织工人及他们的家属从纽约市迁到新泽西州的罗斯福市进行安置。在移民安置管理署工作的人员中有弗雷德里克·古特海姆（Fredrick Gutheim），古特海姆是芒福德在麦迪逊市米克尔约翰实验学院的学生，其间他曾在塔利辛同克隆布和至少 6 个赖特以前的弟子一起工作过。鉴于上述情况，赖特乐观地于 1935 年 7 月会见了移民安置管理署郊区部的主任，商讨以 3000 万美元建造广阔城市模式的住宅建筑项目。当听到消息说，他必须在既定的指导原则下进行工作，于是赖特严厉批评管理署在“美国境内的一切公共和私人住宅建筑计划，拒绝参与所有这些住宅建筑项目”。[1]

同年，赖特第一次与直至当时他最可靠的支持者和拥护者芒福德闹翻。自 1932 年，芒福德就是《纽约人》杂志的建筑评论家。根据赖特的说法，1935 年 4 月号《纽约人》杂志“天际线”栏目，有一篇关于纽约广阔城市模式展览的

[1]　Rosenbaum, *Usonia,* pp.142—3.

篇评论，芒福德认为“德国的出租公寓和对贫民窟的解决办法”优于广阔城市模式所需要的“最大化空间”。芒福德表示，他支持德国城市社会住宅建筑模式，例如法兰克福市恩斯特·梅（Ernst May）设计的勒默尔施泰特公寓建筑，“因为当人口集中尚未达到拥挤的程度，集中可提供人们交往的某些可能性，但分散却办不到”，而且“广阔城市模式太接近当代城市郊区的建筑布局模式”。[1] 赖特与芒福德没有直接通信近四年之久。他们之间的分歧来自赖特不肯承认他的住宅设计脱离了其广阔城市模式所处的背景。这种分歧还表明，他们在对欧洲功能主义关于“最低生活标准”住宅观点根深蒂固的分歧。对赖特而言，一座住宅的设计仅仅为了满足一种“最低生活标准”的需要，而不是满足人们最高生活享受，这种差异显然是无法调和的。

随着 1935 年考夫曼建造名为“落水山庄”（“Fallingwater”，一译“流水别墅”）的乡间住宅的委托，赖特的建筑生涯开始明显好转。“落水山庄”位于宾夕法尼亚州西南部的贝尔·朗，这是一座异常和前所未见的住宅建筑。由岩石墙壁

[1] Pfeiffer and Wojtowicz, eds, *Frank Lloyd Wright and Lewis Mumford*, pp. 164—6.

“落水山庄”，贝尔·朗，宾夕法尼亚州，1935 年。从下方的瀑布看山庄内部。

“落水山庄”，瀑布上方悬梁结构支撑的平台上厨房的一部分。

支撑钢筋混凝土多层平台，悬梁结构支撑的地板突出于山溪和瀑布之上，以满足于家室之中享受自然景色的人之常情。屋下的流水增强了房屋基础的稳固性，整个建筑看来似乎是从地下生长、突破地面，展露于阳光之下。这一设计首先受到地形的启发，同时将这一自然环境的特征显现出来——使它成为人类生活亲近自然的一部分——这是赖特建筑生涯中前所未有的设计方案，他说，当人“忠实于自然，他的建筑设计将是创造性的”。[1]

考夫曼曾希望赖特将房屋建于小溪的南侧，面对位于北面的瀑布；但赖特将房屋的地址选在小溪的北侧，让房屋处于小溪之上，使巨石的顶部突起于起居室的地板下，这里正是壁炉所处的位置。整个房屋面向南方，根本看不到瀑布——只能听到咆哮的水声。赖特告诉考夫曼，“我想让你同瀑布相伴，而不是只看到它，让它成为你生活中不可分割的一部分。”赖特还在日记中写道，考夫曼“非常喜欢这座住宅的位置，喜欢听到瀑布悦耳的声音。这是这一设计的主要动机……他与他喜爱的东西生活在一起”。[2] 在这一方面，赖特的观点与约翰·杜威的思想非常接近，杜威在《艺术即经验》一书中写道，“眼睛是对距离的感受器官”，而“声音自身则发生于近处”。杜威关于建筑的界定极好地描述了“落水山庄”的巨石墙壁和突出于瀑布之上的混凝土平台，

[1] Wright, ‘Architecture and Modern Life’ (1937), in *Wright: Collected Writings, 1894—1930,* ed. Pfeiffer, III, p. 222.

[2] Wright to Kaufmann, quoted by Bob Mosher and Donald Hoffmann, *Frank Lloyd Wright's Fallingwater* (New York, 1978), p. 17. Wright on Kaufmann in Wright, *The Future of Architecture* (New York, 1953), p. 16.

以及这座住宅的结构形式为人在空间的位置和运动提供的感觉经验："当进入某一环境中，面前展现无限可能选择的方位；在环境的压力下，无限的茫然成为确定方位的动力，而空间不变；当物质紧缩，则为新的行动提供机会。"[1]

在设计"落水山庄"的过程中，赖特很清楚，他是在回应国际风格建筑的挑衅[2]。赖特再次从他自己早期作品的基础上发展和改进他的设计，尤其是1909年设计的建有悬浮式阳台的盖尔住宅[3]。1911年设计的塔利辛岩石墙壁，1923年设计的弗里曼住宅的圆桶形光滑墙角，以及1929年设计的位于洛杉矶市的伊丽莎白·诺布尔公寓的悬浮式阳台。随着"落水山庄"的设计、建造以及于1937年竣工，在70岁之际，赖特的建筑生涯进入一个令人惊讶的新的层次，实现了建筑和人类居住、自然景观相协调的理想境界。

1936年，赖特接到为S. C. 约翰逊父子公司设计一座新的办公大楼的委托，约翰逊父子是地板蜡和其他家庭用品制

[1] John Dewey, *Art as Experience* (New York, 1934), pp. 237, 212—13.

[2] 包括诺伊特拉1929年设计的位于洛杉矶市的洛弗尔"健康住宅"，这所住宅建成后，曾有万余人来此参观。——作者注

[3] 他让约翰·豪于1935年在其透视图上添加了一个类似"落水山庄"的带有顶篷的凉亭。——作者注

造者。在总经理赫伯特·F.“爱尔兰人”·约翰逊（Herbert F. ‘Hib’ Johnson）的领导下，该公司获得开明管理和对员工提供富有人情味的工作环境的美名。这正是赖特在其建筑设计中所追求的，他在30年前设计的拉金大厦至今仍被认为是美国最具进步意义的办公大楼。约翰逊同赖特在塔利辛会见后[1]，没有达成任何协议，但最终约翰逊还是聘用了赖特。赖特首先敦促约翰逊将公司办公大楼的地址从威斯康星州的拉西纳迁至乡下，以便更好地体现他的广阔城市理念。赖特固执地坚持己见，认为这是他设计中的一部分；在他几乎要失去这一委托之际，他接受了其妻子奥格利凡娜的规劝，奥格利凡娜对他说：“按照他们的要求，弗兰克，否则你要失去这项工程的。”[2]

约翰逊制蜡公司大楼从赖特于1931年为俄勒冈州塞勒姆《金融杂志》（*Capital Journal*）大楼（未建）的设计改进而来，这一建筑包括一座加倍高度的“大型工作室”宏大单体建筑，在20平方英尺（6.1平方米）的方格区间内建有多

[1] 他们除了对汽车有共同的兴趣外，他们二人都拥有流线型林肯·泽菲斯牌汽车。——作者注

[2] Interview with Oglivanna Wright, quoted in Jonathan Lipman, *Frank Lloyd Wright and the Johnson Wax Buildings* (New York, 1986), p.15.

为约翰逊制蜡公司大楼进行的结构实验，赖特正在指导对柱子的结构实验，1937 年 6 月 4 日。承建人本 · 威尔茨切克站在最左侧，客户希布 · 约翰逊站在赖特左侧。

根柱子，周围被外沿有砖砌实墙围绕的夹层楼面。外部砖墙与夹层楼面地板和工作室屋顶，由有硫璃层的“花檐”隔离开来，有多条水平走向的层叠派热克斯玻璃试管系统——为实验室的实验而建——这一切构成建筑内部光线如织的整体氛围。构成这座大楼最为不同寻常的特征是众多的柱子，每根柱子的柱基直径为 9 英寸（23 厘米），置于地板上钢制杯形基座上，向上逐渐变细直至屋顶；每根柱子顶端均向外延展成为直径为 18 英尺（5.48 米）的众多圆碟或“花瓣”，并在圆碟交接处有小型横梁把相邻的 4 根柱子连成一体。众多柱子上“花瓣”之间的屋顶由于有层叠的玻璃试管而显得明亮，因此，众多柱子及它们顶端的伞状“花瓣”都被光线交织、围绕。

赖特用的这些不同寻常、小于 3 英寸（76 毫米）厚、内空、贝壳似的混凝土构件，是在对亚利桑那州沙漠中鹿角形仙人掌属植物的研究基础上制定的。赖特的这些“薄壳”混凝土构件的制作图十分精确，只需彼得和格利克曼进行稍微的矫正，这表明赖特对各种结构原则精确的直觉把握。然而截至 1937 年，威斯康星州建筑委员会对此却一无所知，拒绝赖特这一柱体设计成果，认为这一设计无法予以计算，违反了建筑规则。赖特建议用混凝土浇筑一根柱子，然后加以重量对其进行试验；1937 年 6 月 4 日进行的实验，证明了赖特天才的结构设计是具有说服力的。

建筑的主人、建筑承包人、几十名赖特的弟子、多名报社记者以及他的客户赫伯特·雅各布斯（Herbert Jacobs）参与了现场实验。赖特是实验现场的中心人物，指导将沙袋搬到柱子上形似花瓣的顶端。柱体承受的重量设计为 6 吨，当重量加到 12 吨时，实验现场的多名监察人员感到很满意——但赖特仍然没有停止。“继续加大重量”，雅各布斯记得赖特这样说，并指挥添加更大的重量，直至 30 吨。赖特走过去，直接站到柱子下面，用他的手杖敲打着柱子，直至重量加到 60 吨[1]，赖特命令吊车推倒周围的支架，柱子倒下，所承重量压碎了埋在地下 3 米深的排水管。

顶部有明亮照明设施的约翰逊制蜡公司大楼“大型工作室”，也许是赖特设计生涯中最不寻常的建筑空间之一，一处为工作提供的神圣空间。这里似乎成为完全不同于日常生活中的一个世界，事实证明这是一处最为人们欢迎的工作场所。据后来媒体报道，该公司不仅明显提高了生产力，雇员中的持续保留率是前所未有的，而且能够雇用该领域最有创

[1]　设计承载重量的 10 倍和安全系数的 2 倍。——作者注

约翰逊制蜡公司大楼“大型工作室”内部。

造性的专业人才。正如赖特写道，约翰逊制蜡公司大楼的“设计是为了激励人们在此生活和工作，正如任何一座教堂都是激励人们在其中膜拜上帝的”。[1]

赖特此时接受着源源不断的委托，其中包括为希布·约翰逊（Hib Johnson）设计的名为“温斯普雷德”的规模宏大的住宅；得克萨斯州达拉斯市的内曼–马科斯百货公司

[1] Wright, quoted *ibid.*, p. 93.

总经理斯坦利·马科斯（Stanley Marcus）住宅，被赖特首次称为“尤索尼亚式”（“Usonian”）的系列住宅；罗伯特·勒斯克（Robert Lusk）住宅；C. H. 霍尔特（C. H. Hoult）住宅；加利福尼亚州帕洛·阿尔托的保罗和简·汉纳（Paul and Jean Hanna）住宅，以及位于麦迪逊的赫伯特·雅各布斯（Herbert Jacobs）住宅。

1936年12月，赖特感染肺炎，病情严重，伙伴学校再次前往亚利桑那州的钱德勒市度过寒冷的冬季。此时，情况很明显，赖特不再能够经受威斯康星州的冬天。1937年，他和奥格利凡娜在亚利桑那州凤凰城以北麦克道尔山麓马里科帕台地，以每英亩3.50美元购买了800英亩土地。这样的价格是可能的，因为在这里没有发现水的历史，但这并没有使赖特却步，这个美丽的地方吸引着他，在付出很大开支后，成功打出一眼水井。在其后的几年里，整个伙伴学校经过一周的艰苦旅行，穿越广袤的原野，从威斯康星州到达亚利桑那州，在这里建起度过5个月夏天的建筑物，赖特把这里称作西塔利辛。

在前往亚利桑那州的多次旅途中，25名学员和赖特全家人，常常于途中住在赖特的外甥理查德·劳埃德·琼斯在俄克拉何马州塔尔萨市的家中。有一次，劳埃德·琼斯夫人对赖特回忆说，她的丈夫对房屋在俄克拉何马州经常遇到大雨而有多处漏雨很恼火，对此她说：“好哇，这就是你把一件艺术品遗忘在雨中得到的报应。”[1] 赖特心想，这真是一个极好的俏皮话，他将在未来以此警示自己。

1937年，赖特同哲学家贝克·布劳内尔（Baker Brownell）合作撰写《建筑与现代生活》（*Achitecture and Modern Life*），该书是赖特进一步申述其建筑是培育美国民主这一概念。同年，赖特被邀参加在莫斯科举行的全苏建筑师大会，并在大会上发表讲演。他同奥格利凡娜于6月乘船前往莫斯科，奥格利凡娜自1917年离开俄国再没有回去过。1933年，赖特曾两次接受苏联共产党机关报《真理报》（*Pravda*）的采访，他说，在当时，正处于经济大萧条时期，资本主义似乎奄奄一息。赖特于1937年在俄国发表的讲话和多次接受记者的采访，表明他错误地判断了约瑟夫·斯大林的意图，他说，托洛茨基宣称斯大林背叛了革命是错误的。赖特对会见他的一些俄国人表现出真诚的情感，他还认为苏联基本上是一个民主国家。在批评共产主义的同时，赖特认为，资本主义原则上是一种好的观念，但因诸如房地产投机等种种腐败现

---

[1] Meryle Secrest, *Frank Lloyd Wright: A Biography* (New York, 1992), p.372.

象，资本主义之花却从未真正得到开放。回国后，赖特必须对他关于苏联的上述评论付出代价，他被冠以“反美分子”，“共产主义的同情者”等称号，20 世纪 30 年代被定为所谓“赖特反美”的年代。[1]

然而就在同年，形势的变化正在现代艺术馆内悄然形成。当赖特正在俄国的那个夏季，希契科克收到来自现代艺术馆董事们的一封信，大意是，他们将不再支持欧洲国际风格建筑，而倡导美国现代主义建筑风格。[2] 1937 年秋被任命为现代艺术馆建筑馆馆长的约翰·麦克安德鲁（John McAndrew）得知“落水山庄”建成后——很可能是考夫曼本人告诉他的——亲自前去参观了这座住宅。年轻的芬兰建筑师阿尔瓦·阿尔托（Alvar Aalto）[3] 被迫推迟其展览，麦克安德鲁建议展出“落水山庄”。“落水山庄”于 1938 年 1 月

[1] Donald Johnson, *Frank Lloyd Wright versus America: The 1930s* (Cambridge, ma, 1990).

[2] Secrest, *Frank Lloyd Wright*, p.463.

[3] 阿尔瓦·阿尔托（Alvar Aalto，1898—1976），芬兰建筑师、城市规划家和家具设计师。其作品为 20 世纪斯堪的纳维亚最优秀的典范，形成既有地方特色、又有隽永秀丽的浪漫主义风格。曾任芬兰科学院院长。1957 年获英国皇家建筑师学会金质奖章，1963 年获美国建筑师学会金质奖章。——译注

开始展出，后来又在其他 10 个城市连续展出。赖特的作品又于同年在巴黎展出，这次展出是由现代艺术馆组织，展览的名称是《三个世纪的美国艺术》（*The Three Centuries of American Art*）。建筑部分的展品由麦克安德鲁和他的助手、塔利辛以前的学员伊丽莎白·鲍尔·莫克[1]负责遴选。麦克安德鲁建议，下一步在现代艺术馆对赖特的主要作品进行回顾展出，这次展览将于 1940 年开幕。[2]

1938 年也是赖特在其他一些媒体展示其风采的一年，这些媒体主要是亨利·卢斯（Henry Luce）拥有的杂志，卢斯是《时代》（*Time*）（订户 100 万）、《生活》（*Life*）（订户 300 万）和《幸福》（*Fortune*）杂志的创办人，他又于 1932 年买下《建筑论坛》（*Achitecture Forum*）杂志。赖特的肖像出现在《时代》周刊 1938 年 1 月 17 日一期的封面，他站在“落水山庄”彩色照片前。1938 年 1 月号的《建筑论坛》杂志全部刊载赖特的作品，其中很大一部分是关于“落水山庄”的报道和评论，以及约翰逊制蜡公司大楼、温斯普雷德住宅、汉纳住宅和雅各布斯住宅的建筑照片。同年，赖特为中产阶

---

[1] 近来同塔利辛伙伴学校学员鲁道夫·莫克结婚。——作者注

[2] Smith, in *The Show to End All Shows,* ed. pp. 29—30.

级设计的典型住宅，后来以此种形式为施瓦茨家族建造的住宅在《生活》杂志发表。6 月，赖特被韦斯利安学院授予名誉学位，此时希契科克在该校任教，他们之间的关系已经恢复，4 年后，希契科克出版了关于赖特作品的专题著作。

从 1935 年至 1939 年的 5 年间，赖特接到 70 项工程的委托，1939 年就接到 37 项，其中 33 项工程得以兴建。1938 年，佛罗里达南方学院院长卢德·斯皮维（Ludd Spivey）委托赖特设计一座建筑，其中有世界上收藏赖特作品的最大展览馆，这一建筑坐落在佛罗里达州的莱克兰市。在许多工程委托中，尤其值得关注的是 1938 年建于宾夕法尼亚州阿德莫尔市的“苏塔普”系列住宅建筑，这一系列住宅的每一单元都包括向外开放的 4 座单体住宅群，这一住宅群的建筑风格是从赖特早年“四座一体街区”概念发展而来。1939 年，赖特应邀为苏尔格雷夫·马诺尔（Sulgrave Manor）委员会和不列颠皇家建筑师协会发表乔治·沃森（George Watson）爵士荣誉讲演。在 4 次讲演中，后几次的讲演都以放映影片开始，这些影片是关于塔利辛和西塔利辛伙伴学校的生活情景，以及其他一些在建的建筑工程。赖特在伦敦的讲演，听众达一千多人，其中大都是学生和青年建筑师。

就在同一年，赖特还经历了一件使他更为高兴的事件，这就是在 1939 年纽约市举办的世界博览会上，他参观了由阿尔瓦·阿尔托设计的芬兰展馆。阿尔托曾由于他设计的国际风格帕米奥疗养院（1933）而得到国际社会的承认。然而，近来他设计的建筑，其风格逐渐取向于重视人文关怀和自然景观，强烈反对他在现代国际建筑协会（CIAM）内的同事们提出的“最低生存空间”观念。阿尔托认真研究了赖特公布的“落水山庄”的建筑图像，立刻对这位青年建筑师产生了巨大反响，深刻影响了他于 1939 年建成于诺尔马库市的马伊拉别墅的设计，这一建筑被认为是阿尔托最伟大的作品。芬兰馆内阿尔托作品的主要特点是两层建筑，其波浪形墙壁全由木料建成。在参观芬兰展馆后，赖特说，阿尔托是“一位天才”。

第 8 章

自然住宅与源泉（1939—1949）

赖特设计的“尤索尼亚式”住宅或称“自然”住宅，是为美国中产阶级设计的一种小型住宅，赖特将这种住宅称为他作为一名建筑师所取得的最大成就，因为他相信，这种住宅形式是美国民主的重要基础。但赖特还认为，美国建筑领域的从业者却一直忽视了人们对这种住宅的需要：“这种房价适中的住宅不仅是美国社会尚未解决的建筑问题，而且也是美国建筑师们最感棘手的问题。”[1] 赖特本人经常被描绘成为富人服务的建筑师，1939 年，这种称谓已经成为一种

[1] Wright, ‘The Natural House’ (1954), in *Frank Lloyd Wright: Collected Writings, 1894—1930,* ed. Bruce Brooks Pfeiffer (New York, 1992), V, p. 102.

极为普遍的误解，赖特自已曾在伦敦的演讲中用以抨击他的批评者。

> 建造价格适中住宅的运动现在已成为我们投入大部分时间从事的事业……我们建造了[赫伯特·雅各布斯住宅]后，我听到我的一些同事说，这种住宅是一种发育不全的东西，我不会再造另外一座这样的住宅。但是，既然我认为对于一名美国建筑师而言，建造这种住宅是一种重要的使命，我承诺要建造40座这样的住宅。现在我们已经建成27座，我希望你们确信，今天，在这个世界上，没有任何事物比设法将真正艺术品的格调融入我们高尚市民居住的建筑中更为重要。[1]

自赫伯特·雅各布斯住宅建成后，赖特又于1937年以5 500美元的价格，为一位报社记者及其家属在威斯康星州麦迪逊市建造了一座住宅，这类住宅称为尤索尼亚住宅，规模适中，面积从1 000平方英尺到1 500平方英尺（93—140平

---

[1] Wright, 'An Organic Architecture' (1939), in *Wright: Collected Writings, 1894—1930,* ed. Pfeiffer, III, pp. 317—18.

赫伯特 · 雅各布斯住宅的起居室内部，麦迪逊，威斯康星州，1937 年。

方米）不等；价格适中，每平方英尺始终低于当时住宅的市场价格；家用能源充足，消耗能源是当时和今天同类住宅所耗能源的很小一部分；住宅面向太阳，全年白昼阳光都能射进屋内，这样，冬天有温暖的阳光，夏天由通风设施使人感到凉爽；水泥地板下有水暖管道；这些住宅通过非专业化操作，依据模数体系和用标准化桩柱组件进行施工。工程进行过程中，经常有来自伙伴学校的学员们进行监督，他们住在工地，工作在工地上。

赖特将这种住宅称为“自然的”，因为在设计这些住宅时，充分考虑其整体结构对家庭生活与周围自然环境构成的和谐氛围。在尊重住宅所在地农耕田野的既存史实前提下，对农业与建筑、耕作活动与改造自然景观之间关系的处理进行实验的过程中，赖特设计的尤索尼亚住宅同花园构成一体。尤索尼亚住宅的平面布局呈L形，房屋同其花园相互交错，花园处于房屋的不同方位，但使屋内房间面向花园，一般是坐北向南：从高处看到低处的街道，房屋处于高处，而外面无法看到屋内情况；有平行木板和板条围墙；房屋仅有的孔洞是墙壁上部和悬垂屋顶下的小型高窗——整个房屋建筑是自然景观中的一个物体，而花园则与视线处于水平位置，被房屋的两翼围在中间；几个垂直的玻璃大门向外开放——给人的感觉是，花园是住宅最重要的“房间”。一年四季，每天都有阳光照射，庭院中的花园成为尤索尼亚住宅和住宅主人生活中的中心区域，大地同住宅融为一体。

这一时期赖特设计的尤索尼亚式住宅，其中著名的有建于亚拉巴马州弗洛伦斯市的斯坦利（Stanley）和米尔德里德·罗森鲍姆（Mildred Rosenbaum）住宅（1939），住宅主人是当地一家电影院的拥有者；建于威斯康星州托·里弗斯的施瓦茨（Schwartz）家庭住宅（1939），这是赖特在《生活》杂志发表文章中提到的“为年收入 5000 美元家庭设计的住宅”；建于弗吉尼亚州弗尔斯·丘奇的罗伦·波普（Loren Pope）家庭住宅（1939），是为一位新闻记者设计，他后来写了一篇风靡全美的文章，题目是“一个男人的爱情故事和他设计的住宅”（“The Love Affair of a Man and His House”）；为劳埃德·路易斯（Lloyd Lewis）和他的妻子凯思琳（Kathryn）设计的建于伊利诺伊州利伯蒂维尔市德·普莱恩斯河边的住宅（1939），劳埃德·路易斯是《芝加哥每日新闻》（*Chicago Daily News*）的体育节目编辑，自 1918 年成为赖特的朋友；为罗丝和格特鲁德·波桑（Rose and Gertrude Pauson）姊妹建于凤凰城郊外的住宅（1939），这座住宅刚刚建成就被季节性租户烧毁，其岩石残垣断壁遗留原处多年；建于密歇根州奥克莫斯的阿尔马·戈茨奇（Alma Goetsch）和凯瑟琳·温克勒（Katherine Winckson）住宅（1939），他们是画家和大学教授；以及建于麦迪逊市的约翰·皮尤（John Pew）住宅（1938）；建于洛杉矶市布伦特伍山的乔治·斯特奇斯（George Sturges）住宅（1939）和建于密歇根州布卢姆菲尔德山的格雷戈尔·阿弗莱克（Gregor Affleck）住宅（1940）。

上述这些住宅的主人对他们住宅的感受，可以塞缪尔·弗里曼（Samuel Freeman）于20世纪60年代末关于他的混凝土构件住宅建筑起居室的评议作为例子："房屋处于参差的地面，高低不一……整个结构犹如音乐。从1923年，我就使用这个房间，我从未对这个房间感到厌倦……自我住到这座房子里，它总是使我感到激动。它几乎是有生命的，处于运动之中。"弗里曼的评议由60年代末罗伯特·贝尔格（Robert Berger）的意见证实，赖特于1950年为贝尔格设计了建于加利福尼亚州圣·安塞尔莫的一所住宅，大部分由贝尔格自己施工建造，他说："这是一件令人激动的艺术品，实际上，它几乎是一个有生命的东西。它是让我高兴的地方，是的，我的妻子常对我发怒，因为我从来不想走出家门——只想待在家里。"据赖特的弟子约翰·豪回忆，赖特"同他的客户之间经常来往，即使他们只为一所5000美元的住宅而来，赖特总是让每一位客户感到，这所住宅对他们非常重要。赖特先生总是同他们在办公室里密谈，他喜欢同他们一起工作”。[1]

赖特常常被人说成是一位自高自大的人，对客户态度傲慢，然而赖特的客户萨拉·史密斯（Sarah Smith）和她的丈夫梅尔文（Melvyn）[2] 对赖特的评议却使人们感到意外：

> 弗兰克·劳埃德·赖特是一位谦逊的人，他是那样地谦逊，同人们从媒体听到的完全不同……以前你总是听到关于他的傲慢，不能同媒体合作。但是要真实地了解他——他是一位极好的人，一位平易近人的人。同他在一起的每一分钟，都使我感到愉快。

赖特的弟子阿伦·格林回忆说，赖特经常说，“报纸的报道对我如过眼烟云……除了极少的除外。那些报道使他感到愤怒”。巴克敏斯特·富勒说：

> 在公共场合，他有一种历史感。当他走上讲台，他

[1] Patrick Meehan, ed., ‘Samuel Freeman’, ‘Robert Berger’ and ‘John Howe’, *Frank Lloyd Wright Remembered* (Washington, dc, 1991), pp. 63, 108, 133.

[2] 赖特于 1946 年为他们设计建于密歇根州布卢菲尔德山的一处尤索尼亚式住宅。——作者注

> 的确非常喜欢扮演一个角色，喜欢使人们感到激动和震撼……然而，当你单独同弗兰克·劳埃德·赖特在一起时，在他的办公室里，他不仅变得谦虚，而且简直是一个谦恭的孩子。据我所知，他是一位极好的人。[1]

塔利辛伙伴学校的教育和生活规则大体上是由赖特本人品格和生活习惯所决定，他对在劳埃德·琼斯农场和阿德勒与沙利文建筑事务所所受“教育”的记忆，都成为形成他个人品格的要素。负责厨房事务的学员每天在黎明前起床，其他人早晨6时起床。早饭后有半个小时的合唱练习，在斯韦特兰娜·赖特·彼得斯指挥下，咏唱（约翰·塞巴斯蒂安·巴赫（Johnn Sebastian Bach，1685—1750，德国作曲家）、帕莱斯特里纳（Palestrina，1526—1594，生于罗马，16世纪中叶最著名的作曲家）和塞萨尔·弗兰克（Cesar Franck，1822—1890，法籍比利时作曲家）的作品。上午8时，有一半的学员在制图室工作，另一半去农场或建筑工地。中午有一段休息时间并进午餐，然后在他们的宿舍休息片刻，下午工作至

[1] ‘Sarah Smith’, ‘Aaron G. Green’, ‘R. Buckminster Fuller’, *ibid.*, pp. 95—6, 156, 41.

塔利辛伙伴学校礼拜日集会；赖特坐在讲台上。

5 时。晚餐在 6 时，晚上自由活动。礼拜六之夜，学员们以及周围社区邻居和友人们都被邀在山坡上的剧院看电影。礼拜日早晨在劳埃德·琼斯礼拜堂参加泛基督教礼拜仪式，下午赖特总是带着一队人，连同被邀的客人们，到山上郊游、野餐，节日里每人都穿上像样的衣服。礼拜日晚间留给学员们举行音乐会，赖特期望培养他们的音乐才能；赖特还经常对他们发表精彩的讲话，这些活动都是在塔利辛的会客厅进行。

学员们描述的赖特自己的时间表，一般是每天工作 15

个小时，通常是早晨4时起床，然后在他的寝室的制图板前工作，或者叫醒他的首席弟子豪，然后在工作室工作。后来成为格雷厄姆基金会董事长的卡特·曼尼（Carter Manny）回忆说，一天早晨，刚用完早餐，赖特从寝室走出，手里拿着一卷图纸，径直走向工作室。他展开图纸，对三座不同建筑的设计进行分析和讲解。

> 每一平面图、剖面图和立视图都相互叠加，不同结构异常复杂，但实际上赖特简明扼要地描述了每一构想的许多方面。在他简练的解释后，把每一张图纸卷起交给一名资深弟子……他的实践经验使我感到非常惊讶。试想，三座建筑的全部设计图纸在大约三个半小时内分析和讲解完毕。这是一位大师完成的绩效。[1]

——然而，这就是赖特的典型表现。

赖特常常在上午、午餐时间和晚上与客户、朋友、建筑师同事，以及社会、商贸和文化界不同领域领袖人物进行广泛的往来。赖特在上午和下午都来到办公室，从一名学员

[1] Edgar Tafel, ed., 'Carter H. Manny, Jr', *About Wright* (New York, 1993), p.145.

的制图板前走到另一学员的制图板前，修正和改进不知其数的设计图纸。豪回忆说："赖特在制图板前有着很大的耐心……他不知疲倦地工作，往往对某一具有示范意义的图纸花去几个小时……每当赖特在制图板前讲解时，总有一些学员围在他的身边。赖特先生很喜欢对众人讲解。他是一位导师，尽管他不承认自己是导师。"[1] 晚上，赖特于晚餐后不久就寝，在塔利辛伙伴学校的早期，晚上 8 时熄灯，后来是 10 时熄灯。

尽管赖特已经七十多岁了，同比他年轻许多的学员们一起工作似乎使他的身心恢复了青春。马科斯·韦斯顿回忆说，当他在更换 1896 年建造的"罗密欧与朱丽叶"风车周围的平板和条板时，他看到赖特站在水塔下的地面上，一会儿，他登上梯子，突然间出现在水塔的顶端——这对于比他年轻许多的韦斯顿爬起来也很困难。[2] 据曾在耶鲁大学、麻省理工学院和康奈尔大学学习过、后来进入伙伴学校、来自中国的尹良（音译）回忆，在一次于塔利辛伙伴学校会客厅举行的礼拜日音乐会上，他演奏了安东尼奥·维

[1] Meehan, ed., 'John H. Howe', *Frank Lloyd Wright Remembered,* p.129.

[2] Tafel, ed., 'Marcus Weston', *About Wright,* p.184.

瓦尔第（Antonio Vivaldi，1678—1741，意大利作曲家）的小提琴奏鸣曲，由埃德加·塔费尔钢琴伴奏。之后，赖特询问关于这位作曲家的一些情况，发现安东尼奥·维瓦尔第是约翰·塞巴斯蒂安·巴赫所尊敬的一位前辈，这时赖特说："这样看来，巴赫确实有某一位先辈对他的作品产生影响。"[1]尹良记得赖特在制图室内说的一句牵强附会的话，这种情况应被解释为他作为名人对自己的自信："橡皮擦是建筑师的一种最重要的工具。"[2]

1939年，赖特雇用了年轻的摄影师佩德罗·格雷罗（Pedro Guerrero），为塔利辛伙伴学校积累了一些档案资料，记录了赖特后半生的工作和生活，为赖特留下一些珍贵的照片。赖特本人就是一位出色的摄影师，他能够准确判断在极为不同的光线条件下相机快门开启的时间，赖特多次为格雷

[1] 安东尼奥·维瓦尔第（Antonio Vivaldi，1678—1741），意大利作曲家。其宗教音乐（清唱剧、赞歌等）显示了高超的威尼斯复调传统，但其中宣叙调过多，剧本也嫌沉闷，不为现代人所欢迎，其音乐作品渐被遗忘。到19世纪中叶，人们发现巴赫曾用其协奏曲作为作曲的参考资料，从此恢复了世人对维瓦尔第作品的兴趣；尤其在第二次世界大战后，维瓦尔第的器乐作品大为流行。——译注

[2] 'Yen Liang', *ibid.*, p.130.

罗设计镜头角度，以便让他的影像处于最佳位置。赖特把除了他自己的椅子之外的所有桌子周围的椅子腿都截短了，以便使他同坐在他对面的人看起来高低一致。赖特还以自己的中等身高作为房间门和天花板高度的标准。当高个子人听说，在塔利辛建筑的房间里常常碰头而感到不快，对此赖特说，任何超过 5 英尺 10 英寸[1]高的人是超越了自然常规的"一棵草"（比喻瘦弱的人）。这种赖特式的奥林匹亚神话不能让他们感到一点慰藉。赖特常常喜欢以其女婿韦斯·彼得斯（Wes Peters）的身高——6 英尺 4 英寸（1.93 米）——刺激他说："坐下，韦斯，你破坏了这个房间的比例。"[2]

至 1939 年，西塔利辛校区的建筑工程大致竣工，从这一年，伙伴学校每年在亚利桑那州的沙漠里度过 5 个月的冬季。这里的建筑工程大都是学员们完成的，西塔利辛校区周围厚厚的条板围墙大都建在沙漠卵石同混凝土构成的地基上，因而看起来围墙似乎是插入从地基开凿的洞穴里。围绕墙壁的是带有棱角的木料桁条，用以支撑屋顶的木制构架，然后用帆布覆盖。石墙看似从沙漠地面长出，而置于其上的

[1]　即使穿上有高跟的鞋，赖特也达不到这一高度。——作者注

[2]　'Andrew Devane', 'William Wesley Peters', *ibid.*, pp.120, 158.

西塔利辛校区，斯科茨代尔，亚利桑那州，1937—1939 年。
学员们正在将帆布覆盖在屋顶的构架上。

木结构和帆布屋顶犹如一个锅盖。所有空间全都直接面对沙漠，帆布覆盖于上，使用帆船上的索具装置将帆布固定，让微风在一天内不同时间直接吹进内部空间。西塔利辛成为永久性居住地，周围的石墙和入口处的大卵石是美国当地的特有标记，犹如宣示对此地先入为主的占有标志，而帆布屋顶和窗户帆布风挡则是每年需要更换的。西塔利辛建筑是赖特

西塔利辛校区外景，图为新近摄影。

赖特与埃德加·考夫曼坐在西塔利辛的会客厅内，约 1948 年。

最伟大的作品之一，这里的建筑在对当地环境、气候的适应和建筑材料的使用，都达到了完美的境地，也为人类在沙漠中居住提供了经验。

在这 10 年间，位于佛罗里达州的南方学院工程一直在进行；首先兴建的是安妮·普菲伊弗（Anne Pfeiffer）礼拜堂（1939），接着动工的是学术礼堂大楼（1940）、图书馆（1941）、工业艺术大楼（1942）和行政大楼（1945）。由于校址处于湖边原有的柑橘园林中，赖特将每一座建筑的位置设计在园林的空隙里，处于同柑橘树冠相互掩映中；地面是预制常规混凝土砌块，由学生铺筑，其中杂有彩色玻璃方块，作为建筑物地基；由混凝土块料筑成的墙壁外层涂有光滑的拉毛水泥。当走进相互连接的众多拱廊里，在柑橘树冠投下的阴影中，人们欣赏着棕黄色水泥板块墙壁上那些优雅造型装饰，还会看到远处高出树木的白色、光洁墙壁。普菲伊弗礼拜堂进一步彰显校园开阔的主题，从树冠投下的阴影里，人们进入一个周围建筑低矮、光线暗淡的空间，通过混凝土板块间隙射进带有色彩的方形光点，从这里人们进入礼拜堂内高阔且灯光明亮的中心空间，其流光闪烁的塔楼将内部空间与天空相连。

1940 年，赖特创立了弗兰克·劳埃德·赖特基金会，基金会拥有伙伴学校的全部建筑及其保存的作品，这是一个免税基金会。同年，纽约出版商迪尤尔·斯隆（Duel Sloan）和皮尔斯（Pearce）同意出版关于赖特的三本书，首先是由弗雷德里克·古特海姆编辑的赖特文集《弗兰克·劳埃德·赖特论建筑》（*Frank Lloyd Wright on Architecture*），之后出版的是希契科克撰写的关于赖特的专论著作和经过修改的最新版本赖特《自传》。也在同年，赖特获得由英国皇家建筑师学会颁发的金质奖章，这是英国建筑界的最高荣誉。

然而，对赖特而言，1940 年最重要的事件，也是赖特多年来的工作目标，是他的作品在纽约现代艺术馆的展出，这次展览于该年 11 月开幕。1939 年，现代艺术馆馆长约翰·麦克安德鲁访问塔利辛，同赖特商定在这次展览中将要展出的作品。自此以后，赖特的弟子们一直在为此次展览制作 20 件大型模型而紧张地工作。展览还需要一个展品目录，由希契科克组织、规划，并由下列人员准备有关论文。他们是瓦尔特·贝伦特（Walter Behrendt）[1]、塔尔博特·哈姆林（Talbot Hamlin）、菲斯克·金博尔（Fiske Kimball）、格兰特·卡彭特·曼森（Grant Carpenter）、理查德·诺特拉

[1] 芒福德的德国朋友。——作者注

(Richard Neutra)、阿尔瓦·阿尔托（Alvar Aalto)、哈韦尔·汉密尔顿·哈里斯（Harwell Hamilton Harris)、韦斯·凡·德·罗厄（Wies van der Rohe)、埃德加·考夫曼（Edgar Kaufman)、丽兰·考夫曼（Liliane Kaufman)、朱尼亚·考夫曼（Junior Kaufman)、麦克安德鲁和希契科克。然而在审查论文过程中，赖特被贝伦特的陈述激怒，该文暗示，赖特的作品并未强调当代住宅的环境因素：赖特对此持反对态度。如果这是事实，那么就不会有人聘用赖特这样的建筑师。为此，赖特提出取消这次展览，面对这一威胁，麦克安德鲁别无选择余地，在没有展出目录的情况下展览会如期开幕，而与展览有关的论文在其后的 65 年间一直没有得到出版。

对赖特而言，此次展览的关键部分是在现代艺术馆花园内建造一座完整规模的尤索尼亚式住宅，这座建筑不仅可供观众参观，而且也可从上面的展品陈列室看到。但是准备在现代艺术馆花园内建造的这座住宅并不属于艺术馆所拥有，而是属于小约翰·D. 洛克菲勒的财产，他的兄弟尼尔逊是现代艺术馆董事会的成员。在无视数据丢失的情况下，赖特集中了其他尤索尼亚式住宅的资料和数据。洛克菲勒不认为赖特的尤索尼亚式住宅建筑是对美国低价住宅问题所作出的回答，他说：“我不认为这种建筑在建造、维护和管理上节约开支。”现代艺术馆董事会主席同意洛克菲勒的意见，他说，赖特设计的尤索尼亚式住宅是“作为解决廉价住宅的答案，简直是荒唐”。[1] 最后，在没有建造尤索尼亚式住宅的情况下，赖特作品展览会开幕了。

第二次世界大战前的几年，赖特越来越认为，同他自己的作品相比，国际风格建筑毫无人文关怀。当有人问他，对于欧洲现代建筑有何看法，赖特回答说：“今天现代建筑需要的，年轻人，是更多的爱。”这也许是赖特往往对希望造访塔利辛的许多欧洲现代主义者采取不客气态度的原因。当瓦尔特·格罗皮乌斯于 1937 年在麦迪逊市附近的威斯康星大学讲演时，有该校教授电话告知赖特，格罗皮乌斯希望访问塔利辛。赖特的回答是粗暴无礼的，他说不想会见赫尔·格罗皮乌斯。“他的观点和我的观点截然相反，我们各自的观念水火不相容。某种意义上，我们之间是职业上的敌人。至少，我现在待在我自己的国家。”然而，这也反映出，赖特对他在国内的情况感到愤愤不平。1940 年，格罗皮乌斯邀请赖特去哈佛大学作一次讲演，他们在马萨诸塞州林肯市格罗

---

[1] Kathryn Smith, in Peter Reed and William Kaizen, ed., *The Show to End All Shows* (New York, 2004), p. 47.

皮乌斯家中进行了两个小时的密谈。格罗皮乌斯回忆说，赖特抱怨他在自己国家的待遇。他尤其提到这样的事实："我被聘为哈佛大学建筑系主任，而他在年轻时却从未被给予如此具有影响力的位置。"[1]

赖特反对美国加入在欧洲进行的战争这一立场越来越强烈，自1940—1942年间，他写了10篇越来越逆人耳目的文章，其中包括1941年发表的一篇引人注目和有先见之明的文章"没有隐蔽之处的伟大海军有何用途？"。在该文中，赖特预言了同年12月发生的珍珠港事件。燃起赖特强烈反战情绪的是他根深蒂固的和平主义情怀，他对德国、日本和意大利有美好的记忆，因为这三个国家欢迎他和他设计的建筑，以及他越来越害怕战争将再次毁掉他刚从经济大萧条阴影中恢复的事业。赖特坚持认为，建立一个真正民主的国家，才是真正保卫和拯救美国的途径，这样的民主社会是建立在"有计划的人口疏散、社会体制重建和一种与自然和谐的资本主义经济"基础之上。[2]

---

[1] Wright to Alan Reiach, Tafel's memory of Wright on the telephone, and Gropius; Alan Reiach', 'Walter Gropius', *ibid.,* pp. 173, 42—3, 45.

[2] Wright, 'Of What Use is a Great Navy with No Place to Hide?' (1941), in *Wright: Collected Writings, 1894—1930,* ed. Pfeiffer, IV, p. 77.

在 1941 年发表的这篇论文中，关于海军建设，赖特阐述了自己的意见，他认为，美国不应效仿德国的战争贩子的政策，而是要发展自己的核心力量："不，我们的真正敌人不是希特勒！我们的真正敌人是我们自己的怯懦和愚蠢。这种惊慌失措的潮流顺利地被导入一种被人欺骗的自我毁灭的方向。"[1] 赖特的言论得到狂热的干预主义者芒福德的回应，他写信给赖特："你不是把匪徒一词指向希特勒和他的追随者们，而是用来指责那些不愿看到希特勒的'新秩序'控制全球而战斗至死的人们……你在侮辱你曾视为高尚、慷慨而富有激情的人们。闭上你的嘴！"赖特回应芒福德："不存在任何善良的王国：从未有过正义的战争……对于任何文化或任何国家或任何个人而言，有机生命才是真正高尚与伟大的本质所在。战争是对人类一切事业的颠覆。"[2] 赖特和芒福德从此不再交谈和书信往来达 10 年之久。

在他的反战论文中，赖特认为，美国民主是世界的一个榜样，而不是去充当世界警察："然而，在信仰民主的同时，

---

[1] Wright, 'Wake Up America!' (1940), *ibid.*, IV, p.40.

[2] Bruce Brooks Pfeiffer and Robert Wojtowicz, eds, *Frank Lloyd Wright and Lewis Mumford: Thirty Years of Correspondence* (New York, 2001), pp.181—3.

我不知道，作为一个国家，我们有什么权利对这个或那个国家说长道短，‘你们都是笨蛋。实行民主吧，否则，我们将致你们于死地’。”赖特认为，参战将使美国脱离民主的轨道，动摇个人尊严的根基，走向他所谓的以暴民、庸人为基础的“暴民政治”：“独裁将不可避免地导向暴民政治。我们已经在和平时期的征兵中出现了这种暴民政治。”征兵对于塔利辛伙伴学校的确是一种灾难，赖特以其文字和行动对此进行斗争：“就征兵而言，我认为，它剥夺了美国的每一个青年人作为自由人服务国家、奉献自己的荣誉和特权。他们在被剥夺发言权和被奴役的情况下遭到谴责。假如我晚生 40 年……我也是一个出于良心而拒绝参战的人。”[1]

赖特的塔利辛伙伴学校有 19 名学员被征入伍，豪、韦斯顿和戴维·戴维森因拒绝应征入伍而被判入狱，柯蒂斯·贝辛格（Curtis Besinger）和霍华德·滕布林克（Howard Tenbrink）被关进由于良心而拒绝参战人员集中营。至 1943 年，只有赖特的女婿彼得斯、他的秘书马斯林克和卡拉维留

[1] Wright, ‘Good Afternoon, Editor Evjue’ (1941), ‘Wake Up America!’ (1940), ‘An Open Letter to Patrick Stone’ (1942), in *Wright: Collected Writings, 1894—1930,* ed. Pfeiffer, IV, pp. 79, 40, 105.

在塔利辛。赖特在他的弟子中鼓励拒绝征兵，加上他发表文章煽动反战情绪的言论，使他引起联邦调查局的注意，联邦调查局局长约翰·埃德加·胡佛（John Edgar Hoover，1895—1972）开始整理关于赖特有宗旨的反美活动备忘录档案。在事业兴旺的 1939 年，赖特接受了 37 项工程委托，其中 15 项工程兴建，但在此之后，自 1940—1945 年的 6 年间，赖特总共接受了 80 项委托，其中只有 18 项工程得以兴建。

这一时期，赖特被迫暂时放弃西塔利辛校区，定居在威斯康星州度过了几个漫长的冬季。希契科克几年来一直客居塔利辛，赖特聘用他在此为撰写专题论著进行调研。战争前夕，学员塔费尔和莫舍尔被分配帮助赖特和希契科克从无序的档案中分类、整理图纸，当原有图纸已不适于复制，赖特就重新制作一些新的图纸。赖特看到他已忘记的往日图纸感到极大兴趣，他拿起铅笔，在这些已经进入档案的图纸上作一些改动，使之更加完善；这些设计图纸看起来比原来更具先锋格调，这使具有学者气质的希契科克感到十分惊讶。对赖特而言，建筑和设计永远不会最终完成，他从不认为他过去设计的图纸是神圣而不能进一步完善的。

赖特还坚持为他的书设计版面。他的书往往需要方形版式，依据处于不对称位置的第一层方格上更小方格制作平面设计图。书中插图和包括标题在内的正文反面，都与书的版式格局相符。版式的变化几乎是无限的，但赖特设计的版式同书的各种要素的比例总是和谐的。希契科克回忆说："标题的大小不仅由内容的多少所决定，而且也同充分使用版式空间有关。因此，有些标题只用 4 个词，而另一些标题则可能占用一页的四分之一空间。"[1]

希契科克工作的结果是《材料的性质：弗兰克·劳埃德·赖特的建筑，1887—1941》(*In the Nature of Materials: The Buildings of Frank Lloyd Wright 1887—1941*)(1942)。该书在出版后 50 年间，一直是全面反映赖特作品的唯一著作。次年，赖特出版了经过修改的新版《自传》，成为一本畅销书。自此，赖特完成了他同迪尤尔、斯隆和皮尔斯出版商签订的三份出版合同。由格罗皮乌斯于 1938 年引荐到哈佛大学的瑞士历史学家、国际现代建筑大会创建者西格弗里德·吉戴恩(Sigfried Giedion)，在其《空间、时间与建筑》(*Space, Time and Achitecture*)(1941)一书中大力赞扬现代运动。吉戴恩将赖特和沙利文放在小标题"美国的发展"部分，该部分处于标题为"艺术、建筑和结构中的空间–时间"这一主体部分

---

[1] Tafel, ed., 'Henry Russell Hitchcock', *About Wright*, p. 224.

之前，这样，赖特这位真正现代主义的先驱再次被边缘化。

第二次世界大战期间，赖特的建筑事务所收到的委托很少，但其中的几项委托却对赖特建筑生涯的最后阶段至关重要。1943 年，76 岁的赖特接受委托设计陈列所罗门·古根海姆（Solomon R. Guggenheim）收藏的非写实派绘画博物馆，这是世界上收藏现代抽象派绘画最广泛的博物馆，其中包括瓦西里·康定斯基（Wassili Kandinsky）、皮特·蒙德里安（Piet Mondrian）、费迪南德·莱热（Ferdinand Leger）、拉斯洛·莫霍伊-纳吉（Laszlo Moholy-Nagy）、罗伯特·德洛内（Robert Delaunay）、鲁道夫·鲍尔（Rudolf Bauer）和艾伯特·格莱兹（Albert Gleizes）的作品。赖特是被该博物馆馆长巴洛内斯·希拉·拉贝·冯·埃伦韦森（Baroness Hilla Rebay von Ehrenweisen）选中来设计古根海姆艺术馆的，此前，埃伦韦森阅读了迪尤尔、斯隆和皮尔斯出版社的三种著作后，决定聘请赖特设计这座"非写实绘画庙宇"。接受委托后，赖特由他的外甥、纽约市公园视察员罗伯特·摩西陪同游览了纽约市，为古根海姆艺术馆寻找建馆地址。赖特在市区北部摩西近来开放的一个公园内选到一处馆址，但拉贝和古根海姆决定将博物馆建在纽约市内商业区。

起初，赖特拟将他 1926 年设计的汽车停车场作为古根海姆艺术馆设计的基础，这是为戈登·斯特朗（Gordon Strong）设计、地址选在马里兰州休格洛弗山的一项未建工程。赖特曾建议这座工程建内向螺旋形钢筋混凝土汽车坡道，中间有一座天文馆。关于古根海姆艺术馆，起初赖特设想是位于中心顶端有一个开放的采光空间，周围是一条徒步坡道，这条坡道可作为一条连续画廊。赖特对在上升过程中逐渐缩小的螺旋形结构以及六边形和方形坡道进行实验，最后于1945年决定让螺旋形坡道在上升中逐渐变宽，其顶端呈开放形式。1949年，主要由于战后建筑材料价格上涨，工程被推迟几年之后，古根海姆去世，他的侄子哈里·古根海姆接过这项工程。然而，直至1951年，面对中心公园的第5大街馆址最后被买下，这时距赖特接受委托已有13年之久，古根海姆艺术馆建筑工程才正式开始。

1944年，赖特接受赫伯特·雅各布斯的委托为其家庭设计第二处住宅，这座住宅位于他的家庭农场内。这座不同寻常的设计被赖特称为“半圆太阳”，它将尤索尼亚式建筑充分吸纳太阳能源这一概念提炼为一种几乎完美的形式。两层结构的建筑呈弯曲状形成一个半圆，半圆结构向南开放，整个半圆内侧能够全面接受阳光的照射，而半圆结构逐渐收缩的外侧有坚固的岩石墙壁和墙外的土丘阻挡寒冷的北风。土丘围护下的曲形花园式建筑在广袤平坦的草原上，营造出一种强烈的家室温馨之感。

同年，赖特在拉辛市为约翰逊制蜡公司建造了一座大楼，在这座大楼的建造中，赖特第一次实现了他以一根中心巨柱和悬臂横梁支撑大楼层面结构的所谓“树形构想”。这一构想最初于 1923 年设计国家保险公司大楼时提出，之后又在 1929 年设计位于博韦里的圣马克斯工程中得到进一步完善。约翰逊制蜡公司科研大楼建筑中，底层多间圆形办公室中交替出现一些方形实验室，大楼外部有砖结构饰带，提供光源的玻璃试管处于隐匿状态。一般情况下，这是一种具有外向特征的建筑，但这座大楼却是与 1936 年设计的本部办公大楼一样，是一座内向型建筑。

1938 年，俄国作家艾恩·兰德（Ayn Rand）[1] 把她的一部描写建筑师的小说《源泉》（*The Fountainhead*）的前三章寄给赖特。赖特把小说交给塔费尔，塔费尔又给了一位年轻学员。兰德从赖特那里得到的评论使她感到彻底沮丧。

---

[1] 艾恩·兰德（Ayn Rand，1905—1982），生于俄国圣彼得堡，1931 年入美国籍。她的第一部畅销小说《源泉》（1943）描写了一个建筑师的天才和利己主义，以及战胜传统主义和循规蹈矩社会风气的人生轨迹。——译注

尽管感到失望，兰德毕竟很有勇气。她曾在装饰艺术建筑师伊利·雅克·卡恩的办公室为该书的写作进行研究，于1934年出版了这部小说。她倡扬的利己主义、资本主义和个人主义优于集体主义的哲学掀起一场狂热浪潮，赢得其追随者的崇拜。

赖特是兰德小说中的主人翁、一位建筑师的原型，这是确定无疑的。建筑师霍华德·罗克（Howard Roark）的人生经历与赖特的经历有许多相似之处，正如赖特《自传》中也有一位年长的指导人（沙利文）；在一次成功的古典风格建筑实践中获得荣誉（伯纳姆）；流亡岁月在乡下工作（塔利辛）；违法的婚外恋情（切尼）；对支持古典风格的人令人可厌的批评（金博尔？）；大资本家是其交往的客户（考夫曼和约翰逊）；以及建在悬崖上富有戏剧性的住宅（“落水山庄”）。然而，兰德却误解了赖特民主思想的核心方面。尽管罗克声称所谓“赖特式”理想“不是借用的观念”，美国是建立在个人主义基础之上的国家，以及建筑应体现人文关怀等。但是，赖特还认为，真正的民主“不是土地和金钱，创新观念不能作为商品进行投机买卖，或者被某些人所控制用以毁损公共利益”。这一思想显然是排斥利己主义的，虽然赖特称其为“自然资本主义”，但却几乎不可能将其归于“资本主义”这一概念的任何一种意义范畴。[1]

至 1944 年，对战后重建的预测、建筑的宏伟风格，以及对现代运动的展望，在很大程度上是否定建筑宏伟观念在社会中的地位和功能，成为建筑师、批评家和史学家所关注的主要问题。在近来赞扬国际风格的西格弗里德·吉戴恩和倡导理查森、沙利文和赖特的美国现代建筑的路易斯·芒福德之间的论争接着展开。至 20 世纪 40 年代中期，出现主张当前时代需要宏伟风格的公共建筑和国际风格不适于住宅建筑这种罕见的一致观点。在这一方面，赖特早已走在批评家们的前面，并出现了从事与美国国情相适应的宏伟风格建筑设计的整整一代建筑师和建筑作品，这样的建筑如唯一神教教派礼拜堂、拉金大厦、米德韦花园和帝国酒店大厦。在这场论争中，当时是路易斯·卡恩的伙伴、其作品曾于 1932 年在现代艺术馆国际风格展览会上展出的乔治·豪，选出赖特设计的唯一神教教派礼拜堂作为体现美国民主观念的现代宏伟风格建筑的榜样。[2]

---

[1] Wright, ‘The New Frontier’ (1940), in *Wright: Collected Writings, 1894—1930,* ed. Pfeiffer, IV, p. 64.

[2] George Howe, ‘Monuments, Memorials, and Modern Design’, *Magazine of Art,* 37 (October 1944), pp. 202—7.

尽管赖特发表了一些令人不快的反战言论，但赖特确实凭借他在公众中的声誉，从战后这个满目萧然的年代崛起，他的风靡于世的三本出版物和他在建筑领域的声誉，对他的崛起起到了推波助澜的作用。赖特的声誉以 1945 年 11 月 28 日在纽约曼哈顿俱乐部，为赖特和阿尔瓦·阿尔托所取得的成就举行的“最高级会议”午宴为典型例子。这次午宴由美国建筑界一些杰出人物发起，如乔治·豪（George Howe）、爱德华·达雷尔·斯通（Edward Durrell Stone）、菲利普·约翰逊（Philip Johnson）、华莱士·哈里森（Wallace Harrison），以及《建筑论坛》主编霍华德·迈尔斯（Howard Meyers）和城市规划幻想者休·费里斯（Hugh Ferris）。哈佛大学和麻省理工学院都向阿尔托发出任教的邀请，但他对妻子艾诺的信中谈到，最使他激动的是赖特邀请他同进早餐的情景：在普拉扎酒店“三个小时令人愉快的交谈”，和他此后对塔利辛的访问。

其时，赖特的作品正在密尔沃基市展出，他在这里作完讲演，然后驾驶一辆红色切罗基牌轿车，同阿尔托一起前往 260 公里之外的塔利辛。关于访问塔利辛的情况，阿尔托写道：

晚餐正如你从照片上看到的情景；弗兰克、奥格利凡娜和我坐在人们尊重的位子上，男孩子和女孩子们在日本风格的几张小型桌子周围送来饭菜。然后，学生们轮流演奏音乐和表演各种节目。夜里睡得很香，睡了 10 个小时。今天，我外出散步。这个地方环境宜人，空气很好。这个学校比你想象的要大得多，虽然有几间房间很低，使赖特的女婿，当然也是一位建筑师，不能挺直身躯。主要的制图室大约是 40 米 × 30 米，制图室周围有不同形式的学生们住的房间，都是学生和当地农民用他们自己的双手建起的。我在写这封信时，顺便从窗户画了一幅风景画。[1]

这次塔利辛之行，阿尔托还在韦斯·彼得斯的陪同下，参观了赖特在密歇根湖边设计的一些建筑，包括位于拉辛市的约翰逊制蜡公司大楼。彼得斯回忆说，这次旅行比他预想的时间要长，因为每次他们参观一个地方，又要回到高速公路，彼得斯说，阿尔托“随时都想找一处酒店喝酒”。他

[1] Alvar Aalto, letter to Aino Aalto, in Goran Schildt, *Alvar Aalto, The Mature Years* (New York, 1989), pp. 101—2.

总是说："是停下来喝杯咖啡的时候了，其实他的真正意思是想喝酒。"那天晚上，彼得斯把阿尔托带到密尔沃基市的一家著名德国饭馆卡尔·拉茨饭馆，他和赖特于战前曾多次在这里就餐，但已有5年没有来这里了。到了饭馆，彼得斯很感懊丧，"他看到人们排着长队。我想，真糟糕。我带着外国客人，我只得告诉他，这是一家很好的饭馆，可是我们无法进去。"这时，拉茨先生看到彼得斯，喊道："彼得斯先生，为你准备好了桌子。赖特先生同你一起吗？"[1] 彼得斯描述了阿尔托传奇般的饮酒故事，同一生中从不吸烟与喝酒的赖特形成鲜明的对照。

1946年秋，悲剧再次降临赖特的家庭，赖特的继女、韦斯·彼得斯的妻子斯韦特兰娜由于汽车失控从桥上坠入河中，她和她的两个儿子中的一个死于这次事故。奥格利凡娜没有从这次打击中真正恢复过来，此后很长时间她不再开汽车。对赖特而言，他的事业在战后也经历过艰难的岁月。最使他不快的是，也许是埃德加·考夫曼聘用理查德·诺特拉，于1945年为他设计建于加州的帕尔姆·斯普林斯的第二套规模宏大的住宅。从1947年，这座住宅引起全美的注目，大

[1] Tafel, ed., 'William Wesley Peters', *About Wright,* pp. 163—4.

都由于考夫曼的有意张扬。赖特讨厌诺特拉，诺特拉曾于1940 年为现代艺术馆撰写了最终流产的展览会便览，其中有一篇关于赖特对技术和材料使用充斥溢美之词的文章。另外，1946 年，赖特为艾恩·兰德设计了一所住宅，而她却选择买下了诺特拉设计的并在帕尔姆·斯普林斯业已建成的住宅，这使赖特更感不快。

在那些岁月里，赖特似乎感到，他所到之处，到处都有国际风格建筑师的足迹。1947 年，赖特在普林斯顿大学参加一次国际会议，他在会议出席者中，发现格罗皮乌斯；在墨西哥城，墨西哥政府邀请他们二人在墨西哥大学建校典礼上致辞。墨西哥裔德国建筑师马克斯·塞托（Max Cetto）邀请赖特和格罗皮乌斯参加一次晚会，同墨西哥资深建筑师们座谈。当赖特到会时，格罗皮乌斯正在论述他提出的关于建筑领域团队合作的设想，并举他自己近来在波士顿创立的建筑师合作研究会的实践状况作为例子。赖特却主张个人创造的优越性，其内在意蕴是，设计一座建筑物是一种爱的行为："然而，瓦尔特，当你希望生一个孩子，你不会请求你的邻居帮忙的。"格罗皮乌斯反驳说："假如这位邻居是一个女人，我就可能请她帮助。"这使赖特大笑起来。接着格罗皮乌斯回忆说："这是我唯一一次与这位机智大师在辩论中成功地回击他。”[1] 然而，赖特作品对塞托和路易斯·巴拉甘（Luis Barragan）的设计施加了强烈的影响，他们对埃尔·佩德雷加尔住宅的设计，是他们在墨西哥城开拓新型住宅建筑的组成部分，其中巴拉甘于 1951 年为这项工程设计的广告中，使用了赖特“落水山庄”的形象。由此表明，如果说格罗皮乌斯在那天的辩论中是赢家，那么赖特却在这场更大的“战役”中取得了胜利。

至 1946 年，在塔利辛伙伴学校和西塔利辛校区共有 65 名学员，这是该校学生最多的时期。在此后的三年中，赖特接受了 125 项工程委托，其中 43 项工程付诸兴建。正是在这一战后建筑事业勃兴时期，在赖特的作品中出现一种令人注目的异常现象：他的一些规模和投资较大的工程委托，大都要求以就地预制的混凝土构件进行施工，因而使地域、功能、建造、规模和建筑地址之间的整体统一性逐渐消失——上述情况是赖特早期建筑中考虑的重要方面，也是赖特设计思想的基本点。与此同时，构成赖特一生最后十几年生涯中大部分工程委托的尤索尼亚式住宅建筑中，出现了工程预算

[1] Meehan, ed., ‘Walter Gropius’, *Frank Lloyd Wright Remembered,* p. 46.

和建筑材料不可避免的局限性，然而却又表现出一种对空间开拓、经验体系化和人文关怀之间平衡的不断追求。20 世纪前夕，赖特曾经在其论文中提出，各种限制因素是建筑师的最好朋友，这种自明之理在这一时期赖特自己作品中展现的尤为显著。

赖特这一时期值得注意的公共建筑作品，包括为斯普林·格林市设计的巴特弗莱·温（蝴蝶翼）大桥和为得克萨斯州达拉斯市设计的罗杰·莱西酒店，这两项工程都在 1946 年设计，但都没有付诸兴建。赖特建议这座酒店建于城市街区之内，在其 12 层上出现一处中庭式“庭院”，再于其上建一 40 层的塔楼——这一设计思想在后来自 1970 年代始被用于许多美国酒店的设计中，然而从未将这一设计思想归于赖特的创新。上述桥梁的设计，本来要作为美国联邦和各州高速公路网建设的一个示范工程[1]，这一设计成为钢筋混凝土适应性的一个令人注目的样板，从而预示了工程师和建筑师圣地亚哥·卡拉特拉瓦（Santiago Calatrava）当代作品的面世。

如果说有岩石墙壁和优美交叠起伏的屋顶和光彩夺目的

[1]　三年以后，该工程作为取代旧金山海湾大桥工程的竞标项目。

祭坛背壁、1949 年建于威斯康星州肖雷伍德山上的唯一神教教派教堂代表赖特的最佳作品，以及越来越趋向宏大风格的其他一些工程都表明，赖特逐渐走上违背自己坚持的基本建筑原则的道路。在这一方面，尤其表现在他于 1949 年为亨廷顿·哈特福德（Huntington Hartford）设计的娱乐场、酒店、体育俱乐部和乡村别墅建筑，这一系列工程本来设想建在洛杉矶郊外的沙漠边缘地带。体育俱乐部主体工程是由一个岩石构成的三角形巨大桩柱和悬梁支撑的众多混凝土飞碟形综合结构建筑，游泳馆内的水从水池之上倾泻而下，然后流入下方的峡谷中。这一现象展示了赖特的客户，在这个贫瘠缺水地区张扬其财富的低俗行径。当我们记起，洛杉矶地区当时依然处于有名的“夺水之战”时期，更使我们对此感到震惊，这种情况凸现了私人土地开发者同地区民选政府控制严重缺乏水源的政策之间存在的矛盾和对立。

另一方面，也是在这一时期，赖特开发出一种被他称为自己动手的尤索尼亚式住宅建筑，这种住宅建筑的特点是，它们的许多构件具有高度的模数特征和逻辑要素，在建造过程中可由非技术人员进行装配组合——但许多人发现，这并不像其名称“自己动手”所谓的那样容易。这一时期赖特设计的尤索尼亚式住宅建筑在形式优美、功能实用和结构精良，以及结构多样化方面，都达到一种前所未有和令人瞩目的境界，这是一些先期住宅建筑望尘莫及的，这些建筑如：建于衣阿华州查尔斯市的阿尔文·米勒住宅（1946）、建于印第安纳州南本德市的赫尔曼·莫斯伯格住宅（1946）、建于密歇根州布卢姆菲尔德山的梅尔文·史密斯住宅（1846），以及从 1947 年建于纽约州普莱曾特维尔的尤索尼亚式住宅，到 1949 年建于加利福尼亚州卡梅尔市的克林顿·沃尔卡夫人住宅等。

1948 年，战后市郊住宅建筑的勃兴已达高潮，《建筑论坛》杂志决定再次将整个一期刊物刊登赖特的作品。赖特认为，他提出的关于广阔土地上的城市这一概念，在第二次世界大战后比战前更加适合美国的国情。当他的表弟罗伯特·摩西公开批评城市规划中的诸如广阔土地上的城市建议时，赖特作出了坚决而猛烈的回击。1944 年，摩西曾在《纽约时报》（*The New York Times*）上发表一篇文章，其标题是“摩西先生解剖‘长发规划者’：公园视察员更欣赏普通情调而排斥革命性理论”（“Long Haired Planners：The Park Commissioner Prefers Common Sense to Their Revolutionary Theories”）。在这篇文章中，摩西宣称，一切城市地方主义者都是共产主义者，他说，芒福德是“一个坦率的革命者”，[1] 赖特是“卓越的但反复无常”的人，而且说，赖特“在俄国被认为是我们最伟大的建设者”。摩西直接对赖特说，他的员工的观点是，“如果你在一种合理的范围内去进行实验，你就会取得进步，公开称这是一种实验，而回避宣布这是一切美国未来生活的模式”。赖特对此的回应文章标题是“献给田鼠”（“To the Mole”），意指摩西提出的在纽约市的河流下建造隧道公路一事，攻击他倡导修建更多连接城市与乡村的公路这一观点。“令我们诧异的物质主义的贪婪见鬼去吧！速度是一种贪婪。”赖特接着说，从战场归来的美国青年人，不仅有权在他们自己的土地上释放他们的创造力，他们甚至有更加充分的权利，追求他们自己的生活方式。”赖特在这里再次抨击以土地、金钱和不同花招进行商业投机的行径。[2]

从 1943 年至 1956 年，赖特在对古根海姆博物馆的设计过程中，摩西公开和私下批评赖特的设计；既斥责收藏他所鄙视的抽象绘画，又公开咒骂建造赖特正在设计的收藏这些

---

[1] Robert Caro, *The Power Broker* (New York, 1975), p.471.

[2] Wright, 'To the Mole' (1944), in *Wright: Collected Writings, 1894—1930,* ed. Pfeiffer, IV, pp.264—8.

抽象绘画的艺术馆。1947 年，赖特写了一篇文章，标题是“先生，嫉妒是一种病态”（“Prejudice, Sir, is a Disease”），在该文中，赖特说，摩西对待新思想的态度是“纽约市赢得美国最鄙俗和褊狭城市名声原因的典型”。赖特警告说：“假如任何一位具有‘建筑情结’的权威预言者，竟然成功地干预古根海姆博物馆的修建，那么，纽约市必将失去其真正的魅力：全体人类不同民族对自由的选择。”并且说，摩西希望看到的博物馆仅仅是酷似他以前看到的博物馆。赖特写道：“一座像所罗门·古根海姆博物馆这样光辉灿烂的赠礼，必将使那位官员怒发冲冠，因为，它既无古代的、也无现代的异教偶像。”[1] 尽管在这一双方交锋中出现明显的相互怨恨，但我们看到，在古根海姆博物馆事件结束之前，摩西不再能表演更多的角色——这是完全出乎预料的。

在 20 世纪 40 年代即将结束之际，赖特的建筑生涯再次出现旭日初升之势，他出版了《天才与暴民政治》（*Genius and the Mobocracy*）（1949）一书，该书展示了路易斯·沙利文及其时代广阔领域的状况，叙述了赖特从美国建筑学会——一个他从未屈尊加入的组织——接受金质奖章的情

[1] Wright, ‘Prejudice, Sir, is a Disease’ (1947), *ibid.*, pp.308—10.

景。在美国建筑学会发表的演讲中，赖特甚至不无优雅地说，先知者很少从他们自己的国家获得荣誉："我几乎从世界上所有伟大的国家获得了荣誉，然而来自祖国的荣誉却经过如此漫长的岁月。但是，它终于到来了。赏心而美好，的确如此。"赖特接着说：

> 但是，今天晚上我确实想告诉诸位一些可能值得一提的事实，我至今还不是你们这个专业组织的一名成员——我曾一直坚持一种业余者的身份……现在——当然，建筑——大写的建筑已被抛入水沟中……科学正在毁灭我们的建筑和艺术，正如科学已经毁灭了宗教，也已经使哲学成为一只猴子。科学实际上已经在精神上毁灭了我们，而且正在将我们送入永无休止的战争泥潭中。

赖特说，虽然我们拥有世界上最大量的财富和物质，"但我们没有为我们声言的民主建立任何东西。我们没有为我们的伟大民主精神建立任何东西"。

为回答上述问题，赖特说，建筑师们必须努力在尊重一切事物特性的前提下工作。他使用的语言很像路易斯·卡恩于10年后使用的语言："只有一种天赋的荣誉感能够拯救我们吗？……这是一种什么样的荣誉，比如说，一个好人？做一个好人中的好人，不是吗？一个善良的人……可是——这是一种什么荣誉？做一个真正的人，一个有个性的人。当每一个体都能追求自己的理想，我们称之为民主。”在反对美国进行的最新战争，即与共产主义之间的“冷战”，赖特作出的结论至今仍然具有现实意义：

> 作为有良心的人，我们不能进行这场冷战——我们应该努力，不惜一切代价，去播种和培育一种真正的文明。我们应有这样一种文化：它会让全世界相信，我们的观念是正确的。我们将使所有的俄国人都希望来到我们这里，向我们学习，愿意为我们工作，或者，同我们一起工作，让他们不会担心我们会毁灭他们，或毁灭所有其他的人。[1]

犹如对受到伤害的人施以侮辱，在这一时刻，赖特在对他的美国建筑学会的同事们训斥挖苦的同时，他还通过毫不掩饰的表述，抨击那些平庸、千篇一律和追逐时髦的建筑形

[1]　Wright, aia Acceptance Address’ (1949), *ibid.,* pp. 325—30.

式。赖特此时此刻的语言，在 1949 年完成的电影《源泉》中表现得淋漓尽致。这部电影由金·维多（King Vidor）导演，由艾恩·兰德（Ayn Rand）写电影剧本，由加里·库珀（Cary Cooper）主演霍华德·罗克（Howard Roark）。赖特曾态度明朗地谢绝为影片设计布景，结果他们主观上希望更多地倾向于表现诺特拉（Neutra）而不是赖特，然而影片中的故事情节和赖特的生活轨迹之间的相似性可谓达到无以复加的地步。起先未被人们注意到的一个方面，是影片中的加里·库珀（Gary Cooper）的声音和措辞非常像赖特的声音和用词习惯。这一情况表明，兰德曾要求演员研究赖特演讲的录音。影片《源泉》结束时，罗克站在他设计的正在施工中这座城市最高大楼的顶上。有人认为，这一细节表明，兰德的主人公不是以赖特为原型，因为赖特“对摩天大楼的蔑视”是人所共知的。[1] 然而在这一方面，与其说兰德追求的是历史的真实，不如说她具有预见性，这是因为，在生活模仿艺术这一令人诧异的问题面前，人们确实在下一个 10 年间，看到赖特设计了世界上最高的摩天大楼。那座“一英里高”的大楼。

---

[1] Meryle Secrest, *Frank Lloyd Wright: A Biography* (New York, 1992), p. 497.

第 9 章

尤索尼亚：失而复得（1949—1959）

赖特一生的最后 10 年，是他作为一位建筑师、社会批评家和文化创新者最多产的时期。从 1950 年 83 岁至 1959 年春近 92 岁期间，赖特设计了 346 项工程——是他一生中设计作品的四分之一还多——其中 137 座建筑建成。令人惊讶的是，如此惊人数量的工程委托却出现在这样的背景下：美国大多数批评家宣称，赖特已经成为时代的落伍者，一个已往时代的遗民，其人生巅峰处于第二次世界大战前——如果不是第一次世界大战前的话。正是在这 10 年间，阿尔瓦·阿尔托在他的游艇上刻下古代罗马人的一句谚语："没有人能成为他自己国家的预言者。"（*Nemo Prophela in Patria*），这一谚语同样可用来描述赖特最后 10 年的人生际遇。然而，他学会了以毒攻毒的战术，至20世纪50年代，他在运用新闻媒体为自己争得主动权方面令人印象深刻。

1951年，亨利·卢斯发行的《建筑论坛》第三次以整刊发表了赖特的作品，而且第一次以全彩照片刊登约翰逊制蜡公司科研大楼、佛罗里达州立南方学院多座大楼和5所尤索尼亚式住宅建筑，其中包括赫伯特·雅各布斯的第二座住宅"半圆太阳"建筑。同照片相配的论文有显赫的标题："不论他的年龄……写给建筑领域的青年人"。赖特写道："机器已不能给美国带来其本土文化的花朵。机器至今只为我们生产出文明的杂草。"赖特关于工业化带来的世界文明和地区文化及社区认同之源之间的区别，准确地预示了10年后才首次出现的哲学家们几乎完全相同的辩论。[1]

赖特将他想象中理想化的美国民主称为"尤索尼亚"，虽然任何人也无法找到它在何处，但赖特坚持其源头出于塞

[1] Wright, 'Whatever His Age... To the Young Man in Architecture' (1951), in *Frank Lloyd Wright: Collected Writings, 1894—1930,* ed. Bruce Brooks Pfeiffer (New York, 1992), V, p. 27. The philosopher referenced is Paul Ricoeur, 'Universal Civilization and National Cultures' (1961), *History and Truth* (Evanston, il, 1965), pp. 271—286.

缪尔·巴特勒（Samuel Butler）[1] 的作品中：

> 《众生之路》的作者、现代现实主义小说的创始人在他的《埃瑞洪》(即“nowhere”一词的颠倒拼写)中，对我们没有自己的名字而深感同情。他认为，“联邦”作为国家对我们不是一个好的名称；因此，他建议用“尤索尼亚”（USONIAN）——它是“统一体”(unity)，或者“联合”（union）的词根。我认为这个名称很合宜。[2]

对赖特而言，实现尤索尼亚理想的主要载体依然是尤索尼亚式住宅建筑，在他人生的最后 10 年间，设计和建造了几百座尤索尼亚式住宅，其中包括建于亚利桑那州凤凰城的雷蒙德·卡尔森（Raymond Carlson）住宅（1950），这座非

---

[1] 塞缪尔·巴特勒（Samuel Butler，1835—1902），英国小说家和批评家。他的《埃瑞洪》（Erewhon）意为乌托邦，预示对永恒进步所抱幻想的破灭。而他的最佳作品《众生之路》（*The Way of All Flesh*，1903）则有助于反对家长统治和宗教的严峻。——译注

[2] Wright, *A Testament (1957), in Wright: Collected Writings, 1894—1930*, ed. Pfeiffer, V, p. 199.

常廉价的住宅是为《亚利桑那公路》(*Arizona Highway*)杂志主编设计的，其中使用了4英寸×4英寸(10厘米×10厘米)的红杉木柱子，将红杉木的内面暴露出来，涂上天蓝色，柱子之间使用灰色拉毛混凝土。这座建筑可能是赖特设计的最接近日本传统住宅建筑的作品。赖特对这一建筑的最终效果很满意，他把他得到的建筑师报酬的一半送给建筑承包人，另一半给了他的客户。不久，在前往机场的路上，赖特在这座住宅前停下脚步，发现卡尔森不在家。他拿出圆珠笔，在木门上写下“为雷欢呼”几个字，然后签下自己的名字。赖特的学生理查德·卡尼事后在电话中向卡尔森道歉，希望他不要认为是恶意破坏，而卡尔森说：“我立刻认出了签字，而且已经用紫胶膜把签字覆盖来保护它！”[1]

赖特这一时期设计的许多建筑表明这样一种事实：乍看起来，尤索尼亚式住宅似乎已定式化，实际上它们在不同的地域环境和对不同的客户都有显著的不同。因此，经过亲身体验后，可以说它们没有两座住宅是完全一样的。在凤凰城有一座住宅，是赖特于1951年为他的老朋友本杰明·阿德

---

[1] Bruce Brooks Pfeiffer and Yukio Futagawa, eds, *Frank Lloyd Wright Monograph, 1942—1950* (Tokyo, 1988), p.330.

尔曼（Benjamin Adelman）设计的，阿德尔曼是密尔沃基市的一位洗衣店老板。这座住宅是第一批“自己动手的尤索尼亚式”住宅建筑之一，用工地预制混凝土构件建造，坐落在沙漠风光里，既坚固又光彩夺目，混凝土板块屋顶投下深深的阴影。建于密西西比州帕斯·克里斯琴市的 W. L. 富勒住宅（1951）位于墨西哥湾海岸树木茂密的潮汐涨落地带。在面对海岸树林环境毫无特征的情况下，赖特用柱体将整个房屋提高，但仍然保持建筑整体的水平平衡。1969 年，200 英里 / 小时（320 公里 / 小时）的卡尔米飓风横扫墨西哥湾沿岸，摧毁了这座美丽的住宅，这场飓风造成 250 人死亡。建于俄亥俄州威洛比山上的路易斯·彭菲尔德（Louis Penfield）住宅（1952）是为一位公共学校的艺术教师设计的，这位客户身高 6 英尺 5 英寸（1.95 米）。在优美的设计中，赖特调整了他的典型屋顶高度，在阶梯处腾出了意想不到的垂直空间，使起居室的高度达到 12 英尺（3.66 米）。

也是在这一时期，赖特和芒福德重新燃起他们之间的友谊之火。1951 年，赖特为芒福德寄去一份展览会目录，上面写着“无视前嫌，我的老朋友”。芒福德回忆，他把目录打开，交给妻子索菲，说：

> 我刚刚写完一本书，在书中我说，如果没有爱的冲动，我们将不可能从更大的灾难和毁灭中拯救世界。如果我没有足够的爱，去回应赖特在他的问候中表现的同样的爱，那么，我最好把那本书从窗户扔出去。[1]

芒福德和赖特找到了共同的思想基础，他们一致反对参议员约瑟夫·麦卡锡（Joseph McCarthy）[2]的非美活动委员会以莫须有的罪名进行反共，反对同俄国和中国之间的冷战，反对张扬核武器的毁灭性威胁，以及谴责联合国内国际官僚主义的崛起。1949年，赖特支持世界和平与科学大会在纽约市召开；1950年，他在世界和平呼吁书上签名；1951年，他支持公民自由突发事件委员会的建立，同违反宪法的

[1] Patrick Meehan, ed., 'Lewis Mumford', *Frank Lloyd Wright Remembered* (Washington, dc, 1991), p. 205.

[2] 约瑟夫·麦卡锡（Joseph McCarthy，1908—1957），美国参议员，共和党人。1950年初，因骇人听闻而又未经证实地指控共产党在美国高级政府机构中进行颠覆活动而横行一时。1950年2月，他公开指责有205名共产党人渗入美国国务院，但始终未能提供任何混进政府部门的共产党人的名字，但却致使许多进步人士遭到迫害。随后，美国国内外开始指责他是蛊惑民心的煽动家。1954年12月2日，美国参议院通过决议，正式谴责其公开诽谤和政治投机行为。——译注

现象进行斗争。1951 年，非美活动委员会将其想象中与共产主义战线组织有牵连的人列入名单，名单中有赖特、演员琼斯·费勒（Jose Ferrer）和朱迪·霍利迪（Judy Holliday）、歌唱家保罗·罗伯逊（Paul Robeson）、作家达希尔·哈米特（Dashiell Hammett）和托马斯·曼（Thomas Mann）、剧作家莉莲·赫尔曼（Lillian Hellman）、作曲家阿伦·科普兰（Aaron Copland）和物理学家阿尔伯特·爱因斯坦（Albert Einstein）。[1]

赖特自己由于麦卡锡是他家乡威斯康星州的参议员而感到耻辱，1951 年，他撰文直接抨击麦卡锡："我要问我的同胞公民们……哪一种人对我们这些自由的人们的民主制度最危险：一个像共产主义者的社会学白痴，还是像麦卡锡这样反常的政治堕落者？"赖特接着又问："把它的儿童从学校拉去当有侵略嫌疑的兵，对这样一个国家，耶稣会说什么？实际上的侵略是一回事，想象中的侵略是另一回事。"赖特在 1952 年 9 月 22 日麦迪逊《金融时报》（*The Capital Times*）的头版发表题为"醒来吧，威斯康星"（"Wake Up, Wisconsin"）的社论文章，他说："现在，我们最坏的敌人是

[1]　Meryle Secrest, *Frank Lloyd Wright: A Biography* (New York, 1992), p. 539.

被那些没有良心的政客们操纵的懦夫的恐惧心理……那些反共战士的政客们！ 他们知道什么是共产主义吗？去质问他们，他们的回答将让你发笑。他们知道什么是民主吗？然后你会感到悲哀。”[1]

1951 年，赖特写道：“对我而言，如果美利坚合众国试图恢复它关心自己的事这种已经失去的艺术，那么，这不仅是对朝鲜和平、也是对世界和平作出贡献。”接着他提出质疑：“联合国内的‘三巨头’把他们的意志强加于世界人民，并且把他们的意志称作自由，这对于痛苦中的世界人民还有什么道德价值可言？”[2] 1952 年，赖特将拟议中建在纽约的联合国大厦作为抨击国际风格的典型，他说，这座建筑是低劣的建筑和不道德的政治混合的最坏典型。同年，芒福德写信给赖特说，联合国大厦为世人“投下一种机械的自动性和官僚政治的阴影，而且它们是一种孪生的代言者，机械官能和机械官员，两者都从其维护生命的从属地位蜕化了，从而成为我们时代的真正威胁”。

---

[1] Wright, ‘Force is Lferesy’ (1951), ‘Wake Up Wisconsin’ (1952), in *Wright: Collected Writings, 1894—1930,* ed. Pfeiffer, V, pp. 44, 51.

[2] Wright, ‘What American Government Should Do to Insure Lasting Peace in Korea’ (1951), *ibid.*, p. 42.

1953 年，芒福德告诉赖特，他在纽约库珀学院成立 100 周年纪念大会上的演讲中提出的目前蔓延于同胞中的那种恐惧、疑虑和有害的仇恨心理与非理性情绪，是充满挑战性的思想；但讲演中的话没有一句被报纸报道。这种情况表明，一种冷酷的审察制度在作祟，这种审察制度在认可和支持冷战的错误，它凝结了正在进行冷战的人们的心灵。

在芒福德写出题为“天际线”（“The Sky Line”）的抨击联合国大厦的专栏文章后，赖特写道：“万岁《纽约人》！（Vive *The New Yorker*）别的什么杂志有这种勇气吗？……爱默生会把手放在你的肩上，说，‘我的孩子’。”芒福德回应说：

> 他的专栏文章的主题常常是琐细而平凡，不值得人们花费时间去阅读……然而文章的字里行间却充满清晰、坦率的语言，其中只有明澈的思想和质朴的真理。我坚持认为，这是我的工作和一种公共职责。[1]

---

[1] Bruce Brooks Pfeiffer and Robert Wojtowicz, eds, *Frank Lloyd Wright and Lewis Mumford: Thirty Years of Correspondence* (New York, 2001), pp. 216, 231, 233, 234.

截至此时，赖特的人生一如既往，再次得到欧洲人的承认——这些国家是赖特批评的古典主义和现代风格的故乡；然而这些有着不同文化的国家又似乎常常比赖特诞生的国家更能认识到他对建筑的真正重要性。自 1949 年秋，赖特和他的弟子们一直在忙于准备一次重要的展览：《弗兰克·劳埃德·赖特：有生命的建筑 60 年》（*Frank Lloyd Wright: Sixty Years of Living Architecture*）。这一设想产生于驻罗马的美国大使馆，这里的美国大使、剧作家和出版商亨利·卢西的妻子克莱尔·布恩·卢西（Clare Booth Luce）和匹兹堡市金贝尔兄弟百货公司的亚瑟·考夫曼（Arthur Kaufmann），一直在讨论如何对抗意大利政坛共产主义崛起的途径。在提出举办一次美国人创新作品展览这一设想之后，他们向意大利文化界人士咨询，希望他们提出建议，谁的作品应选为展览会的展品，他们一致的回答是“赖特的作品”。[1]

这种情况至少部分地由于建筑史学家和《走向有机建筑》（*Towards an Organic Architecture*）（1945）一书的作者布鲁诺·泽维（Bruno Zevi）的影响，该书是战后出版的第一

[1] Bruce Brooks Pfeiffer, introduction, ‘Sixty Years of Living Architecture’, in *Wright: Collected Writings, 1894—1930,* ed. Pfeiffer, V, p. 31.

本关于建筑的书，书的封面只有一幅图，这就是“落水山庄”。就在同一年，泽维还成立了有机建筑学会，在 9 个意大利主要城市都设有这一组织。赖特的被选入还表明，他的作品风格和内涵多年来被意大利人视为是与意大利法西斯观念完全相反的。从爱德华多·帕西科（Edoardo Persico）于 1935 年 1 月在图林发表讲演起，他就认为，赖特的作品是代表现代运动的最佳作品，其中体现了自由、个人个性和社会多元化思想的诸多方面。由帕西科领导的意大利建筑领域反法西斯运动和《美丽的住宅》主编——死于纳粹集中营的朱塞佩·帕加诺（Giuseppe Pagano）曾认为，赖特的有机建筑代表着自由社会中一种理想化的生活境界。如此看来，赖特作品在意大利展出的主要组织者，是一位传奇式抵抗运动战士、艺术史学家卡洛·卢多维科·拉格希安蒂（Carlo Ludovico Raghianti）就不是一种巧合了。1944 年，为了保持市区抵抗力量与阿尔诺河彼岸的盟军之间的联系，拉格希安蒂在漆黑之夜通过佛罗伦萨的韦基奥大桥，艰难地穿过被德国人埋设有地雷的瓦萨里亚诺走廊这一高层通道。[1]

[1] Bruno Zevi, ‘Wright and Italy: A Recollection’, in *Frank Lloyd Wright: Europe and Beyond,* ed. Anthony Alofsin (Berkeley, ca, 1999), pp. 66—70.

赖特的《有生命的建筑60年》展览与欧洲另一更为重要的关联，是参与组织这一展览的建筑师和雕塑家奥斯卡·斯托纳洛夫（Oscar Stonorov）在整整三年内陪同这一展览巡回展出。斯托纳洛夫是一位生于德国的建筑师，父亲是俄国人，母亲是法国人，曾为列·科布西埃工作过不长时间，担任列·科布西埃《作品全集》（*Oeuve complete*）（苏黎世，1930）第一卷的编辑工作。斯托纳洛夫同他的合作者阿尔弗雷德·卡斯特纳（Alfred Kastner）于1931年获得苏维埃宫国际竞标二等奖，接着设计和建造了美国第一批工会工人住宅社区——位于费城的卡尔·麦克利系列住宅建筑（1932—1935）。从1941—1947年，斯托纳洛夫成为路易斯·卡恩在费城的合作者，在这里，斯托纳洛夫同工会的联系，以及他的政治积极行动主义促成了被公司接受、具有重要意义的公众住宅事务的开展，后来他被任命为费城住宅协会主席。1949年，斯托纳洛夫被费城的金贝尔家族挽留为赖特作品展览会工作。这位来自德国且有俄国血统而侨居美国的斯托纳洛夫，很快成为赖特和奥格利凡娜的亲密朋友。斯托纳洛夫甚至曾想为赖特雕塑一尊胸像置于展览会上——这一善意之举由于赖特夫妻以各种借口婉谢而最终未得实现。

《有生命的建筑60年》是规模最大的赖特作品展览，而且可能是至今历史上规模最大的建筑师个人作品展览。这次展览包括几百幅巨型壁画照片、装饰物件、1000 多幅原始设计图纸、28 座建筑模型，以及一座 20 平方英尺的广阔城市模型。这次展览首次于 1951 年 1 月在费城金贝尔百货公司大楼展出，弗雷德里克·金贝尔最终捐赠 50000 美元资助

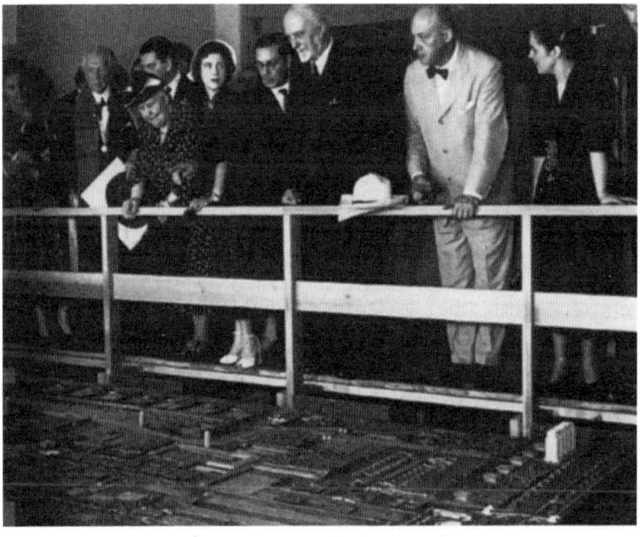

自左至右：奥格利凡娜·赖特、弗兰克·劳埃德·赖特、布鲁诺·泽维、卡洛·卢多维科·拉格希安蒂、康特·卡洛·斯福尔扎、奥斯卡·斯塔纳洛夫，在佛罗伦萨观看广阔田野城市模型，1951 年。

这次巡回展览，其中包括为组织展览的斯托纳洛夫提供的工资。这次展览的国际巡回展出由美国政府资助，赖特为每一展览地撰写了不同的展览前言，首先是为费城参观展览的几百名学校的孩子们，接着是为不同国家的展览写下自己的按语，这些国家是意大利、瑞士、法国、德国、荷兰、墨西哥和美国，在美国的展览分别在纽约和洛杉矶举行。在此后的两年间，赖特将去意大利、法国和墨西哥参加展览会开幕式，赖特知道，这次出国是他最后一次。

1951 年，赖特由奥格利凡娜及他们的女儿伊凡娜相伴前往意大利，他们首先到达罗马，然后去了阿西西，赖特在这里观看了乔托在圣方济隐修院创作的绘画。在佛罗伦萨总督府看了设在这里的展览后，赖特前往威尼斯。在威尼斯总督府隆重的欢迎仪式上，赖特被授予威尼斯大学的荣誉学位和团结之星，这是意大利颁发的最高奖赏之一。在威尼斯，赖特受到众多师生的欢迎，其中有他们的指导教师朱塞佩·萨莫纳（Giuseppe Samona）和设计系主任卡洛·斯卡尔（Carlo Scarpa）。赖特的作品对这些建筑学院的学生非常重要。泽维回忆说："当赖特走在大街上或穿过城市广场，或者乘船游览时，社会各界的威尼斯人几乎都认识他，向他致意或向他拍手欢呼。"在一次参观穆拉诺河边的维尼尼玻璃工厂时，赖特挑选了 6 件玻璃制品准备买下——结果证明所有这些制品都是卡洛·斯卡尔帕设计的。赖特然后参观了罗马，在罗马，泽维带他参观了巴洛克时期处理光线和空间的大师弗朗西斯科·博洛米尼（Francesco Borromini）设计的建筑。[1] 离开罗马，赖特夫妻前往佛罗伦萨，参加这里的展览会开幕式。在佛罗伦萨，赖特经历了他一生中最感荣幸的事件之一：他在韦基奥宫被授予美第奇（De Medici）[2] 金质奖章，并被接收为佛罗伦萨荣誉市民。

赖特的这次展览引起的最有争议的事件发生在意大利。安杰洛·马西埃里（Angelo Masieri）一位 30 岁的建筑师是斯卡尔帕从前的学生，请赖特为他设计一座住宅，以取代旧的住宅，地址在大运河与新运河交汇处的巴尔比广场附近，面

---

[1] Bruno Zevi, 'Wright and Italy: A Recollection', in *Frank Lloyd Wright: Europe and Beyond,* ed. Anthony Alofsin (Berkeley,ca, 1999), pp. 72—3.

[2] 美第奇（De Medici），中世纪意大利佛罗伦萨著名家族。13 世纪末参与佛罗伦萨共和国政府，1434 年在佛罗伦萨建立僭主政治。15 世纪起成为欧洲大银行家族。代表人物柯西莫·美第奇（Cosimo de Medici，1389—1464）、罗伦佐·美第奇（Lorenzo de Medici，1449—1492）等。因为提倡文学艺术，佛罗伦萨成为意大利文艺复兴的中心之一。16 世纪，家族先后受封为佛罗伦萨公爵，托斯卡纳大公，多人出任枢机主教，两人当选教皇。18 世纪美第奇家族衰落。——译注

对福斯卡里大楼。1952 年，马西埃里和他的妻子萨维娜前往美国参观赖特的作品，并同赖特讨论这项工程的有关事宜。可是就在这次旅美期间，悲剧发生了，马西埃里在车祸中不幸丧生。萨维娜·马西埃里和威尼斯建筑学院，以斯卡尔帕为代表，委托赖特在大运河岸边马西埃里住宅原址，设计一座新住宅并为建筑系学生设计一处研究中心，名字叫马西埃里纪念基金会。赖特对这一建筑的设计，尽管是对一座优雅且特点并不鲜明的威尼斯典型宅第风格有所节制的综合，然而却引起一场激烈的国际性论争。一些人主张，威尼斯应是一座博物馆的城市，不应出现现代风格建筑；另一些人则坚持认为，为了求得新生，威尼斯必须是一座充满生气、具有持续发展动力的城市。长期居住在佛罗伦萨的著名意大利文艺复兴艺术史家贝尔纳·贝伦森（Bernard Berenson）和赖特同住橡树园的朋友恩斯特·海明威，都反对这项工程。贝伦森说，假如赖特的这一设计付诸兴建，威尼斯就应被付之一炬。赖特反驳说，这是“来自丛林的声音”。[1] 由于国际社会的喧嚷和来自威尼斯旅游协会的压力，威尼斯当局被迫最终

---

[1] Pfeiffer, ‘A Biographical Sketch’, in *Wright: Collected Writings, 1894—1930,* ed. Pfeiffer, V, p. 16.

拒绝了赖特的设计。二十余年后，斯卡尔帕将马西埃里纪念基金会建筑的内部墙壁和原有宅第地面进行改造，把历史上留下的外部墙壁作为外壳，内部空间则完全以现代风格建筑竣工了。

1952年5月，赖特在《建筑档案》杂志以“从有机建筑视角看现代建筑”（“Organic Achitecture Looks at Modren Achitecture”）为题发表文章，再次抨击国际风格建筑，嘲讽米斯·凡·德·罗厄的座右铭“‘少即是多’，除非少，已经很少，成为比无还要少和‘小题大做’”。赖特声言，现代建筑是“被剥夺了灵魂”的有机建筑，主张：“任何‘国际风格’大体上是迎合法西斯主义的一种文化灾难，但对于民主而言却是不可容忍的。”[1] 正如他以前反对两次世界大战，在赖特激烈反对的朝鲜战争期间，在国际风格越来越占据美国大公司建筑的主导地位这一社会背景下，赖特这一有逆众耳的语言，使他感到，他已成为自己国家蒙受耻辱的预言者——他的声音是荒野里的呐喊。

1953年4月，威廉·兰道夫·赫斯特（William Randolph

---

[1] Wright, ‘Organic Architecture Looks at Modern Architecture’ (1952), ibid., V, pp. 49—50.

Hearst）家庭出版物《美丽的住宅》主编伊丽莎白·戈登（Elizabeth Gordon）撰文批评国际风格建筑，认为它不适合美国国情，这篇文章犹如黑夜里的一座灯塔。赖特给戈登发去一封电报，说："我不知道你有这样的观点。从今以后，我将敬候差遣。"电报最后的签名是"教父"。[1] 注意到电报来自斯普林·格林，戈登与赖特取得了联系，这标志着一种短暂但相互受益的关系从此开始。《美丽的住宅》多次发表赖特的作品，赖特的 4 位弟子后来为该杂志工作，他们中最使人注目的是成为该杂志建筑编辑的约翰·德科文·希尔（John de Koven Hill）。同年 10 月，《美丽的住宅》刊登赖特的文章《为了富有民主内涵的建筑》（"For a Democratic Architeture"），赖特在文中回应了旧金山海湾地区一批建筑师发表的声明，声明中说，建筑关心的主要不是社会或政治意义。1955 年 11 月号《美丽的住宅》杂志的 385 页全部刊登赖特关于家庭的作品。

赖特与国内和国际读者联系的《美丽的住宅》杂志和所有出版物及新闻媒体，都设在纽约市区——这些伟大的"复仇女神"，来自它们的承认是赖特切望的。赖特同这个"大

[1] Secrest, *Frank Lloyd Wright,* p. 551.

苹果”（纽约市别称）之间爱与恨交织的复杂而充满矛盾的关系，成为赫伯特·穆钱普（Herbert Muchamp）1983 年出版的研究著作《城市里的人》（*Man About Town*）的主题。穆钱普写道，20 世纪 20 年代，赖特为逃避媒体的追踪而来到纽约，但到了 50 年代，他来到纽约是为了寻找媒体从而与公众接触的机会。他在很久以前就同纽约的出版物、编辑和作家建立了密切的相互支持的关系，支持他的媒体有《建筑档案》、卢斯发行的《建筑论坛》《金融》《国家》《新共和国》等杂志。当然，他最喜欢的是《纽约人》，它的编辑人员中有伍尔科特和芒福德。1953 年，赖特与一家新的同样是在纽约的地平线出版社（Horizon Press），签订了唯一一份合同，从 1953—1959 年，这家出版社每年出版赖特的一本新书。

这一时期，来自大都会纽约地区的对赖特的委托数量逐渐增多，赖特也开始正式在这座城市建立自己的家和事务所。自 1909 年旅欧前，赖特一直将位于第 5 大街和第 59 大街（中心公园南）交汇处的普拉扎酒店作为他游览该市的落脚点。从 20 世纪 30 年代后期，赖特来这里的次数越来越多。1953 年，赖特租下普拉扎酒店 223 号套房作为他的永久性基地，并着手翻新他说曾属于戴蒙德·吉姆·布雷迪（Diamond Jim Brady）的这套房间。赖特挂上梅子色落地丝绒窗帘，桃色毛织地毯，墙壁贴上金黄色日本壁纸，他自己设计的简朴红边黑漆家具（他的弟子们在西塔利辛制作），多个圆形镜子，以及他挑选的一些东方艺术品。

普拉扎酒店内的这套房间位于二层的东北角，从这里可以看到中心公园和第5大街；在他最后的6年间，赖特住在这里的时间越来越多，在这套房间成为赖特的永久性居处之前，《建筑论坛》的编辑霍华德·迈耶就将它命名为“塔利辛第三”。赖特1941年出版的论文集的编辑弗雷德利克·古特海姆回忆，他曾几次与赖特在“塔利辛第三”“共进早餐，眺望远处的中心公园，赖特不停地抱怨——包括抱怨腐臭的黄油”。赖特的妹妹玛日内尔·赖特·巴尼长期居住在纽约市，1927年，赖特曾住在她家，现在赖特经常要她把烤土豆和烤火腿送到普拉扎酒店，她不得不经过大厅把一个棕色纸袋偷偷带进酒店——自家做的饭食，赖特和奥格利凡娜全部吃完，一点不剩。[1]

赖特原来修建古根海姆博物馆的客户所罗门·古根海姆

[1] Edgar Tafel, ed., ‘Frederick Gutheim’, *About Wright* (New York, 1993), p.220; Maginel Wright Barney, *The Valley of the God-Almighty Joneses* (New York, 1965), pp.9—11.

也在普拉扎酒店租用了一套房间，赖特在普拉扎酒店的套房在第 5 大街，距离处于第 88 大街的这座博物馆不远。1951 年，希拉·里贝（Hilla Rebay）由于来自社会的一些激烈批评而被免去古根海姆博物馆馆长职务，这些批评包括艺术批评家埃利尔·萨利宁之子埃罗的妻子艾琳·萨利宁（Aline Saarinen）在《纽约时报》星期日版发表的长篇文章。阿尔瓦·阿尔托的亲密朋友詹姆斯·斯威尼（James Sweeney）被聘为新馆长。斯威尼开始时不主张采用赖特的设计，而且拒绝里贝原来确定的收藏品而将其"冻结"，从而只收藏"非写实"作品。正如赖特所言，如果没有古根海姆去世后掌管这项工程的哈里·古根海姆的支持，没有他理直气壮维护其家族对这座建筑的财产所有权，赖特的设计将永远不能实现。

古根海姆博物馆在 200 英尺（60.96 米）长的街区末端面对中心公园的地址最终于 1951 年确定下来，然而几年之后，纽约市建筑官僚机构仍然对此进行干预和阻止。正如赖特的外甥罗伯特·摩西在为这座博物馆举行的奉献仪式上的讲话中所说："赖特与城市建设部门的斗争是著名的灵感和智慧同官僚主义之间的斗争。负责建筑的官员不得不照章办事，而吉尔雷（Gillroy）专员对弗兰克的外甥更加苛刻。"摩西在激动中说的这番话，表明他与赖特之间的真诚感情和对赖特的敬意。他在电话中对建筑专员说："明天上午 8 时，我的桌子上会有一张建筑特许证，否则就会有一位新的建筑专员。"建筑许可证随后送来了，但古根海姆博物馆的建筑工程直至 1956 年才开始动工，赖特将不能在有生之年看到它的竣工。由于赖特设计的这座博物馆及其藏品而萦回于心的矛盾心情，清楚地表现于摩西讲话的末尾："坦率地说，如果说我不能了解这里存在的所有纠葛，我只能说，我敬慕那些对新观念殷勤追索的人们，因为只有开放的胸怀才能确保进步。"[1]

1953 年，古根海姆博物馆在第 5 大街的地址被赖特设计的两座建筑所占据：《有生命的建筑 60 年》展览的展厅，该展览最近从墨西哥回到纽约；另一座是真实规模的尤索尼亚式住宅建筑。这座尤索尼亚式住宅由大卫·亨肯（David Henken）承建，亨肯是建于纽约普莱曾特维尔的尤索尼亚式住宅的承建人。这座住宅的起居室很高，有从地板到屋顶的玻璃门，由胶合板建成的方格天花板，起居室两侧较矮的天花板形成壁龛似的结构，有巨大的岩石砌体壁炉，整个房屋构成一种具有高度动态感的空间结构。

---

[1] Tafel, ed., 'Robert Moses', *About Wright,* pp. 41—4.

主体展厅用简单的脚手架技术建成，形成 30—60—90 度屋顶，墙面呈半透明的方格状，光线效果同西塔利辛的光线效果十分相似。厅内有一张由帕德罗·格雷罗（Pedro Guerrero）在展览开幕前拍摄的一张姿态随意的赖特照片，我们看到，这位建筑大师坐在拉金大厦大幅照片前，他的目光里透出一丝黯淡的悲哀。拉金大厦是赖特设计的最伟大的建筑之一，在没有明确理由的情况下，一年前被布法罗市拆除；直至今日，空旷的场地依然长满野草，甚至没有作为停车场。

芒福德长期以来就想撰写一部评价赖特一生作品的长篇著作，现在他发现 1953 年在纽约举办赖特作品展览开幕式的机会。芒福德在《纽约人》杂志发表的论文由两个部分组成，其标题是“极为罕见的凤凰”（“A Phoenix Too Infrequent”）。文章开头说，86 岁的赖特不仅是美国最伟大的建筑师，而且是所有时代最具创造性的天才之一。芒福德不仅表达了他对赖特设计中的“自我意识”对其客户生活各个方面所施加的影响的关注，这反映出芒福德在汉娜住宅短暂居住的印象，以及他对房内梯形床和独具特点的亚麻织品的品评，而且涉及赖特的建筑孤立主义——“美国第一委员会[1]对赖特的影响在他那坚硬的心灵上留下一条粗壮的黑色痕迹”——芒福德认为，这种情况妨碍了现代建筑的充分发展。芒福德在这两篇论文的结尾表达了他与赖特的共同观点：

> 事实依然是，在一个专家受到约束和民族主义者表现顺从的时期，赖特的毕生事业表达了人类社会的全部内涵——从数学到诗歌，从纯粹形式到纯粹情感，从地域性到世界性，从个人到整个宇宙。在一个被其成就所震惊和面对一系列灾难而感到沮丧的时代，赖特以其依然充满自信的榜样，去唤醒人们追寻梦想的勇气和热情。

芒福德感到沮丧的是前来参观的人对展览的反应：“赖特的作品展览使一些参观者感到迷惑不解，因为赖特的许多最大胆的创新一般在19世纪后半叶已被人们所理解。”尤其是尤索尼亚式住宅建筑，它被芒福德称为“几乎是一种老式

[1] 美国第一委员会（American First Committee），美国有影响的政治集团（1940—1941）。第二次世界大战期间反对美国援助同盟国，担心美国直接卷入战争。珍珠港事件后解散。——译注

的、富有家室安适气氛的”建筑。观众感到困惑的是，在循规蹈矩的观察者看来，把属于典型的市郊“牧场”住屋建在纽约市第 5 大街上有何意义？这种住宅开放的地面规划，大面积地接受阳光，形成的整体间接光源，嵌入式储藏和家具设施，处于中心部位的开放式厨房，起居室与餐厅合用，胶合嵌板的使用，处于角落的砖砌壁炉，暴露的建筑材料，以及按模数进行施工等，所有这些都源自赖特的创新，是赖特为美国留下的遗产——现在这些全都综合于一种典型单体住宅的设计规划中——但它成为当代美国普通市民熟视无睹的事实，在享受其所带来的舒适的同时却被漠然地忽视了。[1]

但是，赖特没有充分理解芒福德对他作品的评论，尤其是他认为文中暗示芒福德有意识地将他的设计强加于客户，他说这是对客户和他自己的一种“侮辱”。赖特回应说，通过他收到的客户的几百封信就可以回答这一指责，这些信中可以告诉人们，他们的房屋是如何戏剧性地使他们的生活变得更好。芒福德给赖特回信说：“对于一个人作品最好的赞

---

[1] Lewis Mumford, ‘The Sky Line: A Phoenix Too Infrequent’, *The New Yorker* (I, 28 November 1953), p. 133, (II, 12 December 1953), pp. 125—7; reprinted in Lewis Mumford, *From the Ground Up* (New York, 1956), p. 75.

扬不是它的不合资格，而是始终保持其自身的优秀品质。”双方意见交换结束之后，一切都被谅解，在他们的相互交流的过程中，一些发人深思的见识对所有建筑评论者都有裨益。赖特说：“文学告诉人们发生了什么，而建筑则将发生的事物形象地展现在人们的面前。”对此，芒福德回答说：“就你的作品而言，在我对它们评论之后，它们依然长期存在下去，它们自身将代表其永恒的价值。这是它们固有的品质。”[1]

1953年，赖特在俄克拉何马州巴特尔斯维尔建成H. C. 普赖斯公司大厦，他最终实现了圣马可大厦的原始设计，这一设计中包括平面图和剖面图，是根据23年前形成的原初设想设计。普赖斯大厦巍然兀立在广袤的草原上，这是赖特有意将大楼建在他的规模更大的广阔田野城市的设想中的一例。普赖斯大厦是为哈罗德·普赖斯（Harold Price）所建，他是一位富有的石油和天然气管道建设者，他还聘请赖特设计了两所住宅建筑：建于巴特尔斯维尔他自己的住宅（1953）和为他母亲建于亚利桑那州乐园谷的住宅（1954）。

[1] Pfeiffer and Wojtowicz, eds, *Frank Lloyd Wright and Lewis Mumford,* pp. 243, 248, 251.

普赖斯家族，一个现代建筑的真正支持者，于其后的几年间又委托布鲁斯·戈夫（Bruce Goff）和史蒂文·霍尔（Steven Holl）设计了几所住宅建筑。普赖斯大厦包括四分之一方形平面图中 8 个加倍高度的公寓套房，另有一般高度的系列办公房间占据每层的其他四分之三空间。放弃圣马可大厦原始设计中的垂帘墙壁，代之以从外部边缘折起的混凝土地面板块，由紫铜镶嵌窗户嵌入其中，从而赋予垂直的大楼以水平节奏感。1953 年，赖特将这一同样细部用于波因特望楼的设计中，这是一座建于匹兹堡的公寓大楼，其屋顶房间是为埃德加·考夫曼设计的，但正如考夫曼委托赖特在匹兹堡设计的许多建筑工程，也没有付诸兴建。

赖特建筑生涯中的最后 10 年间，有一些工程为他提供了实现他在 20 世纪 20 年代的设计的机会，为他提供了一些机会实现他于 20 世纪 20 年代设计的工程，这些工程包括 1926 年设计的斯蒂尔教堂，赖特把这一教堂的设计用于贝丝·肖隆（Beth Sholom）犹太教教堂设计的起点，这座教堂于 1954 年在宾夕法尼亚州埃尔金斯公园落成。这座犹太教教堂的平面图呈三角形，其基础部分是嵌入地面的混凝土实体墙壁船形结构，它的顶部是一个透明结构，光线可从上部进入内部空间。犹太教教士莫蒂默·科恩（Mortimer Cohen）

聘用赖特将这一建筑设计为一座美国风格要素和犹太民族背景相结合的建筑，这座犹太教教堂建筑的三只钢结构支柱，支撑着由金属、玻璃和塑料构成的垂直墙壁，可象征美国土著民族的圆锥形帐篷和“进抵西奈山”，在这“灵光之山”——这是科恩提出的要求——摩西接受上帝的启示，其时正是以色列人在沙漠里流浪的途中。教堂底部的防护围墙和光辉夺目的顶部，使贝丝·肖隆犹太教教堂成为一座表征赖特将礼仪性建筑转化为居住和生活空间的无与伦比的能力。

1954 年末，一方面由于一些匿名投诉，另一方面由于联邦调查局不断地对塔利辛伙伴学校和赖特本人的调查，调查的理由是，塔利辛是在普通事务法案掩护下收取学费——实际上调查是由于赖特公开反对冷战和麦卡锡主义所致——威斯康星州最高法院宣布，塔利辛是一个建筑事务所，而不是一所学校，因此，它没有资格享受免税待遇，由此对赖特开出近 19000 美元的补税单。当地的多家报纸纷纷为赖特辩护，指出，赖特为威斯康星州公益事业设计了大量工程，包括多座蝶式桥梁。赖特威胁要焚烧塔利辛，将他的事业迁往纽约市，表示他对“大苹果”态度的转变。于是，州长很快筹办了一次晚宴，几百名高官政要出席，决定筹集资金为塔利辛伙伴学校缴纳税金。

赖特作为一位政治和社会反叛者的形象使他继续付出了昂贵的代价，在这个工业空前发展的时期，他的事业受到的损失不言而喻。1954年，联邦政府出资在科罗拉多州斯普林斯修建美国空军学院，为此举行的设计招标经过对多种设计方案研究的结果，决定参加最后决赛的是赖特的方案和斯基德莫尔（Skidmore）、奥因斯（Owins）与梅里尔（Merrill）三人设计的方案。他们是纽约一家“规划工厂”（赖特这样称呼大的合作事务所）的设计人员，也是米斯·凡·德·罗厄的学生。参与这次建筑师遴选过程的美国军方威胁说，如果赖特的设计方案被选中，他们将公开抵制，由此，赖特被迫放弃这次设计竞标。这一事件当时没有宣布，直至一年以后，由《建筑论坛》杂志披露，该杂志文章说，美国军方扼杀赖特的设计方案，是他们对赖特反战活动进行调查后对赖特发出的又一次威胁。这一事件是“1955年美国国情的重大事件”，使美国空军拒绝采纳赖特的设计方案。[1]

这一时期，赖特在纽约逗留的时间比以往更多，他在普拉扎酒店的房间常常用作制图室，在纽约居住和工作的许多赖特从前的弟子们常常来到这里进行工程设计。这时已在纽

[1] Secrest, *Frank Lloyd Wright,* pp. 542—3.

约建立起受人尊重的事业声誉的埃德加·塔费尔回忆，他接到赖特的电话，问他是否能绘制一些蓝图，这使塔费尔回答说："我们这些弟子们永远不会走出你初次见到我们时的年代。"另一位赖特从前的弟子鲍勃·莫舍尔在纽约一位大承包人的公司居一要职。1955年，他所在的公司被邀投标承包古根海姆博物馆工程。莫舍尔将设计图纸拿到塔费尔的事务所，在这里，他们遇到塔费尔的朋友——一位混凝土承包商乔治·科恩，他试图获得这次投标，但没有得到。6周后，塔费尔于一个礼拜六早晨7时接到赖特的电话，告诉他博物馆工程的最低出价已经到手，是预算的二倍，让塔费尔通知"他的混凝土承包人"立刻来普拉扎酒店。当科恩那天上午来到赖特在普拉扎酒店的房间时，赖特接见了他，"原来你就是混凝土专家？"科恩回答说："不，赖特先生，我是来向你学习的。"赖特高兴地说："你是我的人。"科恩在预算之内建成博物馆，他和赖特成为忠诚的朋友。当工程进行中，科恩建议要有一个奠基石，赖特回答说："一座圆形建筑不要奠基石，乔治。"[1]

---

[1] Edgar Tafel, *Apprentice to Genius: Years with Frank Lloyd Wright* (New York, 1979), pp. 208—10.

1956 年 12 月，正当古根海姆博物馆工程进行时，21 名纽约画家，其中包括弗朗茨·克兰（Franz Kline）、威廉·德·库宁（Willem de Kooning）、米尔顿·埃弗里（Milton Avery）、菲利普·古斯顿（Philip Guston）、阿道夫·哥特利布（Adolf Gottlieb）和罗伯特·马瑟韦尔（Robert Motherwell）等人，给博物馆工程受托人寄来一封请愿书，请愿书中批评赖特的设计。这些艺术家认为，赖特设计的螺旋形坡道结构同传统的白色矩形盒式建筑在造型上格格不入，不适于展出现代艺术作品。赖特对此表现出极大的幽默感，他将这些自诩为先锋派的艺术家们斥为对建筑和空间的保守主义者。赖特说，他们希望继续将他们的绘画投入他称之为“专制暴君线型的狭窄外套”里——虽然我们已经处于一个被解放了的阔大空间里。赖特认为，旨在表现一种新的、完全整合的空间与形式的现代艺术在他设计的这种具有可塑性空间的现代建筑中展出是最相宜的。“参观者、绘画作品和建筑之间”在继续变化的自然光线中形成一种新的统一，从而彰显一种昼夜的时间感和岁月的季节感。[1]

---

[1] Wright, ‘The Solomon R. Guggenheim Museum’（1958）, in *Wright: Collected Writings, 1894—1930,* ed. Pfeiffer, V, pp. 245—8.

赖特倚靠在古根海姆博物馆顶层墙壁上，纽约。照片摄于博物馆工程进行中，赖特身后是螺旋形坡道墙壁。

毋庸置疑，赖特是这场辩论的胜利者：今天，古根海姆博物馆不仅受到社会大众的广泛欢迎，而且他的设计得到许多艺术家的肯定和赞扬，许多艺术家认为，古根海姆博物馆激发人们对现代绘画、雕塑和建筑之间可被领悟的界限进行了进一步深入的解释。而另一些艺术家对古根海姆博物馆的抵制，其结果更有益于人们认识到，赖特设计的古根海姆博物馆必将成为最伟大的艺术作品收藏馆，证明之一是“博物馆建筑的照片明信片的销售量，总是超过描述其收藏品的明信片的销量”。[1]

1957 年，后来成为哥伦比亚广播公司“60 分钟”新闻节目评论人的安迪·鲁尼（Andy Rooney）回忆，为制作一次电视采访节目，他开车前往普拉扎酒店去接赖特。当鲁尼回到位于中心车站的哥伦比亚广播公司工作室时，他想起赖特曾抱怨纽约的一切东西。为了进入工作室，他们必须走进电梯，然后穿过悬浮于两层之间的一条钢与玻璃结构的狭窄通道，这里有明亮而巨大的多个拱形窗，拱形窗面对外面的城市与火车站高达 125 英尺（38 米）的候车室大厅——这是纽约市最阔大的建筑空间之一。这时赖特说：“这是一座壮观的建筑，你说呢？”然后，鲁尼回忆说：“在中途穿过候车大厅，赖特在玻璃通道停步，我们都默不作声。他站在那里的时间超过 5 分钟，我没有说话，因为我知道，我要说的任何话都无法表达他所思考的那样丰富与深邃。”[2]

同年，赖特在“迈克·华莱士采访”（“The Mike Wallace

[1] Herbert Muchamp, *Man about Town: Frank Lloyd Wright in New York City* (Cambridge, ma, 1983), p. 111.

[2] Tafel, ed., ‘Andy Rooney’, *About Wright,* pp. 202—3.

Interviews”）节目中表现出引人注目的风采，这些采访节目的录音是在中心车站哥伦比亚广播公司的工作室内完成的。华莱士[1]后来说:“这是我所作的最具挑战性和启示意义的采访。”华莱士在第一次采访的开始表示，赖特是美国“社会反叛者的先锋”和“第一流的社会批评家”。当问到他对战争的观点时，赖特回答说，他是“反战的，一贯反战，而且将永远反战”。与人们对他的印象相反，他说，他并不“反对城市”，但他极为“反对拥挤的城市”。赖特抨击因循守旧的“暴民政治”，但是，当华莱士问今天的青年人是否也是暴民时，赖特说不是，他对美国青年寄以信赖。当问到关于对他的反美指控时，赖特回击说:“还有比麦卡锡主义更反美的吗？”在第一次采访结束时，华莱士说，赖特是引领“盲从因袭时代的非盲从主义”运动的人，赖特拒绝这种说法，他说:“迈克，我是在聆听我自己的墓志铭吗？”这使华莱士哈哈大笑。

[1] 迈克·华莱士（Mike Wallace，1918—2012）美国新闻记者，电视新闻栏目主持人。美国哥伦比亚广播公司（CBS）的“60分钟”节目在美国家喻户晓，自创办以来，华莱士一直担任这一节目的主持人。采访过多位重要新闻人物，包括8任美国总统、马丁·路德·金、伊扎克·拉宾、亚西尔·阿拉法特、邓小平、江泽民、普京等。——译注

华莱士回忆说，在第一次采访结束时，还有许多方面没有讨论，于是他们开始了第二次的录音采访。赖特在这次采访开始时说，甚至在今天，“我们依然不懂居住自然住宅”是什么意思，他认为：“建筑应使自然景观更优美，而不是破坏自然景观。”又说：“我们面临的不是一种文化，而是一种文明。”赖特不同意芒福德的批评，他说，他收到客户的 800 封信中告诉他，他们的生活是如何由于他设计的住宅而更为舒心和惬意的。当问到关于 20 世纪 30 年代他对俄国人的正面评价时，赖特说：“俄国政府推行的是一种暴徒主义——后来，这里也同样是一种暴徒主义。”这样，就把讨论的主题直接回到美国。赖特问道：“今天，有多少人懂得《独立宣言》的意义及其赋予他们的责任与使命？”赖特认为，美国人“进学校不是学习关于各种事物的特性，没有这种训练，我们将永远处于民主消亡的危险之中”。赖特坚持认为，在他进入 90 岁之后，他“现在更富有反叛精神，但是对一切更加保持缄默。假如你的工作是正当的和你满意的，你就会是安全的”。华莱士问，他是否怕死，赖特立刻说：“根本不怕……想年轻是没有意义的，你对此毫无作为。青年人应有一种优良品质，如果你有了这种品质，你将永远不会丢掉它。”[1]

正如古根海姆后来回忆：

要品评赖特为人的时代特征是要下一番工夫的……他应是一位维多利亚时代的人，然而他却不属于那个时代文化中的人。对我而言，他不属于任何历史时期的人。他是一位人格独立的人。但这意味着他容易与同时代人交流往来，正如他在任何时代都能与人友好相处。这是他成功地与青年人——任何时代的青年人——友好交往的原因。[2]

然而，许多观察者注意到这样一种事实：赖特对青年人的魅力，他很快与青年人打成一片的能力，他生来所具有的那种青年人的气质，这时已开始在塔利辛伙伴学校青年人的日常生活中逐渐消失。人们常常用“崇拜”这一术语来描述第二次世界大战后在塔利辛出现的情况，这是不无道理的。

---

[1] Frank Lloyd Wright: The Mike Wallace Interviews', cbs/Archetype Associates, 1957, 1994.

[2] Tafel, ed., 'Frederick Gutheim', *About Wright,* pp. 217—18.

古尔捷耶夫于 1949 年去世，自 20 世纪 30 年代始，他曾多次访问塔利辛，而且每次访问的时间很长。他认为奥格利凡娜是他的首位信徒，赖特的女儿伊凡娜于 1948 年前去枫丹白露跟古尔捷耶夫学习。这种令人迷惑的神秘影响力被明显地带到这一时期的塔利辛伙伴学校。

在塔利辛形成的一种越来越礼仪化的日常生活，早已在奥格利凡娜的指挥下进行着，她实际上已经扮演着一位高级女祭司的角色。在塔利辛伙伴学校的学员和他们的配偶的日常生活中，奥格利凡娜越来越专横、独裁，她要求学员们必须把他们生活中最隐秘的细节毫无保留地暴露在她的面前，而且她常被指控企图破坏学员们的婚姻，从而按照她的意愿来安排他们的婚姻。学员们生活的各个方面——衣着、餐食、日常工作责任、社会生活和私人的通常事务——事无巨细都必须由奥格利凡娜控制并指导。赖特和他的家庭成员现在进餐是在那个隆起的平台上，而在以前，他们只在这个优越的位置观赏礼拜日学员们举行的音乐会。学员们回忆，赖特有时高声斥责奥格利凡娜说，她要把塔利辛改造成为“古尔捷耶夫个人崇拜的地方”，但他的妻子早已学会如何分散和改造他的权力。

由此产生的更大危害，是这种酷似崇拜的氛围开始影响到赖特的设计风格。在塔利辛，25 年来赖特实际上被崇拜他的一群人所包围，建设性批评完全消失。赖特越来越被孤立的局面[1]，事务所接受的大量工作，以及奥格利凡娜封锁和拒绝任何对赖特观点——不管他的观点如何牵强附会——的批评，这一切不可避免地导致赖特的许多设计质量下降。1934 年，赖特的朋友约翰·杜威写道："时间是检验富于想象和想象这两者的试金石。后者是转瞬即逝的，因为它是随心所欲的。富于想象则是持久的、永恒的，因为，事物之初对于我们总是陌生的，但对于事物本身，其特性却是永恒存在的。"[2] 在此期间，赖特往往似乎失去了他对其固有的丰富想象力的控制，正如杜威所言，跌入了纯粹主观臆想的泥淖中——弃绝了诗意盎然，却走入是非颠倒和荒谬乖戾。

从理论的界定而言，现在从赖特手中产生的每一张草图，都是天才的笔触。学员们回忆，赖特把图纸从他的制图板抛出后，常常对自己低声说，但对所有的人仍然声音很大："今天早晨我是一位天才。"这样一种天才并不感到必须对自己的行为进行解释，也不对任何东西承担责任，除了他

[1] 个人形体方面，人文关怀方面，社会交往方面。——作者注

[2] John Dewey, *Art as Experience* (New York, 1934), p. 269.

自己的任性和奇想。在塔利辛，赖特不可避免地会受到在他周围形成的礼仪化生活方式的影响，在这里，他是人们注意的中心，几乎被尊为一位神。然而，同样肯定的事实是，具有高品位的建筑是不可能在缺失建设性批评的情况下产生的——不论是自我批评或者是来自令人尊敬的同事们的批评。其最终结果是空间、功能、建造质量和自然景观之间的和谐统一，这些赖特一贯重视的重要设计原则，从他的工作中消失了，而一种不和谐的因素开始控制他的许多大型工程设计。

赖特后期的一些设计往往显现一种支离破碎或者说不和谐的风格特征，这种现象显然是由于脱离了他早期认为是建筑中最基本的要素所致。建于得克萨斯州达拉斯市的卡利塔·汉弗莱斯剧院（1955）只是一座混凝土团块，不论是从建筑材料还是从人的因素，都几乎没有比例感，其内部空间屈从于一种唯我独尊的几何学规范，从而导致出现诸如梯形结构的台阶等现象，这就使使用它的人处于一种将要坍塌的危险中。在尚未付诸兴建的工程中，如 1955 年设计的 V. C. 莫里斯住宅，赖特建议建在旧金山遥望太平洋的一处不可思议的地方。当一所小型住宅被置于一座巨大的、多层叠加的混凝土基柱之上，显现一种荒诞无稽的夸张；当我们想到支撑“落水山庄”的那些轻巧但坚固有力的扶垛时，更感到上述住宅结构的乖戾与反常。由此可见，赖特倡导的以最低付出去获得最丰富经验的直觉已被放弃。1956 年设计但直至 1962 年竣工的希腊东正教天使报喜教堂，也许是赖特在几何构图和地面设计方面最明晰的一项工程，然而，其圆形结构和椭圆区段以及屋顶边缘的装饰拱形结构，显示这是一座从地面拔起的建筑——看起来什么都不像，只能说是一只飞碟——这样，它缺少了其着地根基这一赖特建筑原则的重要方面。1957 年，为剧作家亚瑟·米勒（Arthur Miller）和他的妻子玛里琳·门罗（Marilyn Monroe）设计的住宅工程中，需要一个巨大的混凝土圆形屋顶置于系列外部由岩石包裹的圆锥形柱体之上——这是一种结构“冲突”，它表明赖特的基于经验之上的把握各种结构形式的直觉已经消失。不用说，米勒拒绝了这种不必要的做作和过于昂贵的工程。关于这次失败，赖特对迈克·华莱士只用了一个遁词：玛里琳·门罗住宅是一座“很好的建筑”。在 1959 年为亚利桑那州乐园谷设计的多诺霍“三联”住宅工程中，赖特的想法是把住宅建在山顶——这同他以前的原则恰恰相反，塔利辛住宅群沿山坡展开，安卧在山脊之下。1959 年建在亚利桑那州立大学内的格雷迪·格兰马吉礼堂是一座圆柱体建筑，由一系列支撑臃肿下陷拱顶的纤细圆柱围绕，从其结构角度而言，这些柱子是多余的和荒唐的。这种情况表明，赖特完全忘却他自己于 1949 年提出的定义："建筑艺术中，美学和建筑结构不仅各自证实其可靠性，而且相互验证其相容性。"[1]

赖特后期设计的最令人失望的工程，也许是马林县民政中心工程，1957 年设计，赖特去世后竣工——赖特曾对这座工程抱有极好的愿望。当赖特初次察看加利福尼亚州北部这片急剧起伏的地形和野草及橡树林覆盖的座座小山时，客户指出，这些山丘可以推平后再施工兴建。赖特立刻回答："恰恰相反，这些山丘将成为这项工程设计的特点，建筑物将是联结这些山丘之间的桥梁。"后来这里的建筑确实成为山丘与山丘之间相连的长长栅栏，围绕在圆形议会大厅周围。然而高架渡槽似的结构形式面对的却是没有必要的层层叠加的拱顶，下面是混凝土板块地面，这完全破坏了其整体结构感。这座建筑设计的特点不是一座公共集会建筑，而是一座高耸的三角结构的广播和电视传播大楼——其真实形象完全打破了本来的预想，也引起杜威和芒福德的共同反对，

[1] Wright, 'Genius and the Mobocracy' (1949), in *Wright: Collected Writings, 1894—1930,* ed. Pfeiffer, IV, p. 382.

他们认为，这种形形色色的电子媒介将在对美国民主褊狭的重新界定中，使公众领域面对面的会议变得过时和多余。

赖特后期最不具特点的设计是他于1956年设计的一英里高的大楼，是为他热爱的芝加哥市设计的，高5280英尺（1609米，即一英里），528层，其主体基础向地下延伸的长度与帝国大厦高耸入云的高度相同；这座建筑的图纸超过22英尺（6.7米）。在对这一设计提出的不合情理的辩解中，赖特宣称，只有建于中心公园的三英里高的大楼，才能缓解纽约市人口稠密的状况，他提出的顷宅城方案由此受到质疑。然而即使是这样，赖特仍然认为，他的这一设计使他进入现代建筑领域的伟大建筑师行列。他的一英里高大楼的建筑设想，注定将永远不可能成为现实，不是因为这样的建筑不可能建成——在技术上处于可能的范围之内——而是因为赖特提出的这一设计方案，是作为纯粹展示于公众面前的一种抽象演示，不是像他以前设计的其他高大建筑，而是作为探索和总结人类建筑经验的途径。

这座一英里高的大楼的设计，也最终断送了赖特与芒福德之间的友谊。芝加哥市政方面宣布，1956年10月17日为“弗兰克·劳埃德·赖特日”，在赖特的外甥罗伯特·摩西告知无法前来主持这次庆祝活动后，赖特邀请芒福德来主持这次宴会，但芒福德谢绝了，他认为这一庆祝活动的主要意图在于宣传一英里高的大楼的设计，对于这一工程，芒福德后来写道：

> 赖特的以自我为中心的弱点在一种终极幻想中完全呈现，犹如忽必烈汗的一位直系后裔……我当然不会让自己去迁就一种违背赖特自己关于有机建筑理念这一准则的任何建议，也不会违背我自己的意愿。如果这是旧时代对赖特造成的影响，我也无意对他的这种木乃伊式的遗风给予褒奖。[1]

似乎是为了确证芒福德的判断，赖特于 1958 年出版了《有生命的城市》（*The Living City*）一书，其中内容是直接来自他早先出版的两本论述顷宅城的书：《正在消失的城市》（*The Disappearing City*）和《当民主建立之时》（*When Democracy Builds*）。此时，许多观察者都清楚，赖特精心规

---

[1] 'Lewis Mumford,' excerpts from Mumford's autobiography, *Sketches from Life,* in Patrick Meehan, ed., *Frank Lloyd Wright Remembered* (Washington, dc, 1991), pp. 207—8.

划和设计的顷宅城和他所声言的广阔城市将自然出现之间存在一种固有的矛盾。所谓“到处存在和无处不有”，以传统的观念而论，根本没有一种可能辨认的城市要素可言；“顷宅城对美国毫无助益，人们将随意而毫无计划地到处乱建。”在类似尤索尼亚式住宅已经成为市郊无处不有的一种本土“牧场”房屋一样，广阔田野里的城市也将杂乱无序地、无边无际地蔓延在美国广袤的大地上。当阿尔瓦·阿尔托于20世纪50年代驾车同赖特穿行于波士顿郊外时，他指着到处蔓延和杂乱的住宅建筑、天然气站点和路旁的商场，深有感触地说：“所有这些都是我造成的。”赖特面对阿尔瓦·阿尔托所说的这种实际上是对他的观点的惊人歪曲，产生一种极为矛盾的心理反应。当我们从他的话中发现一丝带有讥讽意味的自我贬责时，后来阿尔托说：“我没有想到这一点。”[1]

正如罗伯特·海因莱恩（Robert Heinlein）于1961年发表的经典科幻小说《陌生国土上的陌生人》（*Stranger in a Strange Land*）中的主人公，一个地球上出生的人在火星上被抚养长大，又回到地球后发现自己是这个地球上社会机器中的一个幽灵，他对这个社会感到格格不入——仅仅除了生

---

[1] Muchamp, *Man about Town,* pp. 184—5.

物上的事实——赖特，一位最后的杰斐逊式的人物，诅咒大政府，然而他却要求同样的大政府，来干预和阻止陆军工程团在沙漠中架设电线，阻止人们在斯科茨代尔[1]附近地区的侵扰和在此地的无序发展。因为在 20 世纪 50 年代，这种无序发展迅速破坏了赖特心目中远离文明的隐退处——西塔利辛——的整体景观。

然而，赖特在其最后岁月里完成的最大量设计是尤索尼亚式住宅建筑，"具有不同外部形态的尤索尼亚式住宅，直至今日依然是一位美国建筑师为在城市郊区营造的一种优雅之地所作出的最后严肃努力"。[2] 通过对尤索尼亚住宅的设计，赖特最终进入了美国大众之中。他于 20 世纪 50 年代发表的大量文章表达他的观念，向希望接受其观念的每一个人免费发送，这些观念在一些倡导家庭制造和住宅自建的刊物上刊登，这些刊物如《美丽的住宅》《住宅与花园》《住宅与家庭》，以及《生活》等。在向社会大众展示其设计"秘密"这一方面，赖特在他的同行中几乎是唯一的。正如我们可以

[1] 斯科茨代尔（Scottsdale），美国亚利桑那州中南部城市，市郊有赖特建立的西塔利辛建筑学校。——译注

[2] Kenneth Frampton, 'Introduction', in *Wright: Collected Writings, 1894—1930,* ed. Pfeiffer, IV, p. 9.

看到的那样，赖特从他建筑生涯起步时开始，就经常同美国大众家庭直接交流。

卢斯发行的《住宅与家庭》杂志在这一时期经常面向建房者、承包商和住宅建造工人报道关于赖特的建筑设计，这一时期这些刊物中介绍赖特的典型设计方案的文章有：1956年9月介绍建于新罕布什尔州曼彻斯特的齐默尔曼住宅，文章题目是“弗兰克·劳埃德·赖特32种简单和基本的设计思想”；1956年12月介绍赖特设计的马歇尔·埃德曼公司用预制构件建造的多所住宅，文章题目是“弗兰克·劳埃德·赖特如何设计预制房屋”；1958年3月和1959年2月发表的两篇文章，介绍建于依阿华州的兰伯森住宅和艾尔索普住宅，并且记载了这样的事实：当赖特设计的住宅建成后，吸引了9000名参观者。介绍最后一所住宅的文章题目是“建造者吉姆·德雷乌斯（Jim De Reus）告诉你：‘我们从弗兰克·劳埃德·赖特学到了什么。’”这篇文章是在对承包者及其工作人员的采访基础上写出的。

在他最后的25年间，赖特设计了几百座尤索尼亚式住宅，今天作为体现赖特顷宅城和尤索尼亚住宅理想的唯一标志，依然屹立在美国大地上。这些令人惊异的住宅建筑，其特点是既有质量上乘的内部空间也有同庭院花园紧密相连的怡人环境。伴随它们的出现也建立起一种标准，这一标准是那些千篇一律的设计、那些“开发者以实验为名造出的”呆板的产物所永远无法比拟的。自赖特去世后，这种呆板的住宅建筑却成为美国家庭建筑工业中的典型产品。在也许是赖特最坦率和最真诚的著作《自然住宅》（*Natural House*）（1954）中，他写道：

> 在今天，最需要的建筑正是生活最需要的东西——完美。正如在一个人身上，完美也是一座建筑物最重要的品质；但它却不是任何建筑都要求的品质，因为在邈远的古代，建筑的特点是天然的和粗糙的。现在它也不再是人类要求的首要品质，因为“成功”是眼下急需的……尤索尼亚式住宅的设计是达到与自然和谐的一种探索；它与建筑场地浑然一体，与周围环境浑然一体，也与居民生活浑然一体。[1]

1958年，赖特突患中风，在他最后的几年里，白内障

[1] *Wright, The Natural House*（1954）, *in Wright: Collected Writings, 1894—1930,* ed. Pfeiffer, IV, pp. 110—12.

也使他的视力很差。但赖特对美国建筑的发展前景，即建筑要培养社会民主的使命，却依然非常清晰。这一点可从他在去世前一直为之工作的最后几部著述看出，如《我们自己的文化》（"A Culture of Our Own"），发表在 1959 年《进步》（*Proressive*）杂志，以及他为儿童出版的《建筑的奇妙世界》（*The Wonderful World of Architecture*）一书所写的前言。赖特对尤索尼亚住宅建筑的信心也表现于这样一种事实：从他制图板上完成的最后工程设计，不是一处游览胜地，或者一座博物馆，或者一座民政大楼，而是为他的朋友马歇尔·埃德曼（Marshall Erdman）的建筑公司设计的一所简朴且能被人们买得起的预制混凝土板块住宅。

1954 年 4 月，在西塔利辛举行的复活节庆祝会上，赖特的孙女、演员安妮·巴克斯特（Anne Baxter）[1] 回忆说，赖特"迈着美洲豹平稳小步，是我所知的举止最为优雅的男人"。[2] 许多人评论说，赖特虽然是一位接近 92 岁的老人，却风采依旧：威严、机敏、沉着和优雅。这样一位老人的去世，使

[1] 她三岁时，赖特曾答应为她设计一座剧院，来鼓励她将来从事的演出生涯。——作者注

[2] Meehan, ed., 'Anne Baxter', *Frank Lloyd Wright Remembered,* pp. 241—2.

所有人都感到惊愕，只在复活节聚会的几天之后，赖特病倒了，他被送到凤凰城的一所医院。由于肠梗阻动了手术，但在短暂的恢复后，于1959年4月9日去世。

赖特的女婿韦斯·彼得斯开车运送赖特的遗体，28小时后到达1800英里（2900公里）以外的威斯康星州。4月12日晚上，由两匹黑马拉的马车上放着赖特的棺材，棺材上覆盖着柴罗基人制作的红色丝绒，后部隆起的是束束野花。几百人的送葬行列跟随在赖特遗体后面，马车缓缓驶下山坡，穿过路旁两行在微风中低语的雪松，共有150棵，这是赖特不久前同景观设计师罗伯特·格雷夫斯（Robert Graves）一起种植的。这条小路直通山谷里小小的唯一神教教派礼拜堂，这是18岁时的赖特为之付出辛劳的第一座建筑。格雷夫斯记得，当他们在前一年种完这些雪松时，赖特转身向他说："塔利辛现在结束了。""我大吃一惊。这似乎对他是一件可怕的事。"[1] 赖特埋葬在环绕唯一神教教派礼拜堂的古老橡树树荫下，墓旁是他的祖父母、他的姑姑和舅舅、他的母亲和他的情人玛玛·博斯威克的墓地。听到赖特的去世，米斯·凡·德·罗厄对着多人说："他经久不衰的精力，他像一

[1] Secrest, *Frank Lloyd Wright*, p.14.

赖特的送葬行列，背景是塔利辛。

棵参天大树屹立在广袤的大自然中，年复一年，长出更加宏伟的树冠。”[1]

对于除弗兰克·劳埃德·赖特之外的任何人，这将是故事的结局。然而，在他死去，犹如在他生前，赖特似乎注定要被丑闻和争议所困扰。今天，所有来到威斯康星州斯普林·格林看望在唯一神教教派礼拜堂赖特墓地的人，都会发现这里的空旷与冷寂。几乎在赖特去世 26 年后，1985 年

[1] Meehan, ed., 'Mies van der Rohe', *Frank Lloyd Wright Remembered,* p.53.

3 月 1 日，奥格利凡娜在亚利桑那州斯科茨代尔去世。她在去世前的最后愿望——虽然在她的遗嘱中不曾提到——将赖特和斯韦特兰娜的遗骨从墓中挖出，火化后把骨灰移到亚利桑那州，安葬在她的身旁。作为权力的象征，奥格利凡娜在塔利辛伙伴学校学员们心目中，即使是在她死后，也没有丝毫反抗，他们一丝不苟地满足了她的意愿。他们通过合法途径，秘密地挖出赖特的遗骸，火化后把骨灰运到西塔利辛；只有麦迪逊的验尸官知道并且默许此事。

迅速传来赖特家族和朋友们的愤怒声——凯瑟琳的孩子们和所有塔利辛伙伴学校赖特以前的弟子们不约而同地感到震惊——威斯康星州甚至威胁要采取法律行动控告亚利桑那州。一位威斯康星州人士描述说，这一事件犹如“从蒙蒂塞洛将杰斐逊的遗骨挖出，移至贝弗利山重新埋葬”。一位威斯康星州代表说：“比将骨灰从威斯康星州移走更重要的是，威斯康星州的公民们失去了我们历史的、精神的和天才的见证。”大多数旁观者同意赖特之子大卫的说法，大卫认为，奥格利凡娜的这一举动完全出于自私的目的，因为，“如果没有他（赖特），她将什么都不是”。另外，奥格利凡娜也出于对玛玛的妒忌，妒忌赖特一生中饱受争议的伟大爱情；玛玛卧在唯一神教教派礼拜堂墓地赖特的身旁已有四分之一多世纪。然而赖特的孙女安妮·巴克斯特对这一爱情事件的见解，也许最接近更深刻的真理，她指出，赖特“可能正在大笑我们所知道的这一切，因为他的精神比他的遗骸更伟大”。[1]

---

[1] All from Secrest, *Frank Lloyd Wright:* p. 17, Karl E. Meyer, *New York Times* (19 April 1985); p. 17, state representative in *Inland Architect',* p. 16, David Wright; p. 18, Anne Baxter.

尾　声

对赖特的反思

20 世纪 50 年代末，在赖特去世前不久，埃罗·萨里宁（Eero Saarinen）有关赖特对现代建筑的重要性问题作出这样的回答，他说："我想，可以这样说，从现在起的 50 年后，我们将会认识到，他在我们心目中会比现在更伟大。我们现在同他太接近了……我想，赖特的贡献至今尚未成为现代建筑的一部分。"[1] 正如萨里宁在 50 年前预见的那样，今天人们业已承认，赖特的作品对现代建筑的重要性，它构成了"现代建筑中其他传统的心脏"。[2]——那些将他们的行业界定为

[1] Patrick Meehan, ed., 'Eero Saarinen' (1959), *Frank Lloyd Wright Remembered* (Washington, dc, 1991), p. 55.

[2] Colin St John Wilson, *The Other Tradition of Modern Architecture* (London, 1995).

人们日常生活中伦理和经验架构的核心和发端的建筑师们，都将建筑置于它固有的地位，而不是由任何外在的理性主义、普遍定则或正统风格来决定它的命运。在这一方面，赖特是扭转美国从欧洲“进口”建筑样式和风格历史的第一位建筑师，因此，全世界都对他的建筑理念的伟大意义报以崇敬之心。

通过其一贯重视建筑领域的实践传统同诗情画意和求实精神相结合的建筑理念，赖特的建筑作品至今仍然是高举人文主义旗帜的现代主义仰望的榜样。同历史上伟大的建筑师一样，赖特相信，建筑形式蕴涵着道德意义，建筑美学和伦理道德是统一的、不可分割的。赖特坚持认为，美国民主要求建筑设计和建造应是完美一体的，正如对一个公民品格的要求一样。而且，一个人和一座建筑，其内在价值必然比外部表面更为重要。这种完美的理想已从今天大量的建筑中悄然消失，它却依然体现在赖特的作品中，也展现在那些固守这些相同原则的建筑师们的作品中。虽然赖特的作品对他的许多同代人往往显得有些激进，然而赖特认为，他的建筑作品保留并创造性地承继了往昔伟大建筑那永恒的规范和原则，它们是赋予人类基本品性以智慧的一种珍贵遗产。

今天，我们依然要发掘赖特作品中的意义内涵及其建筑原则的重要特征，这些意义和原则在一个多世纪之前就内在于赖特的作品中。今天，尽管在设计方法、建筑材料和功能程序等方面都发生了革命性的变革，但每一位建筑师所从事的工作却是经过赖特重新界定的事业：我们所有的人都受到他的作品的影响。对于当代建筑师而言，赖特既处于我们之后，作为我们的后卫，将建筑这一行业同其古代渊源衔接起来，他同时又站在我们的行列之中，超越任何先锋，在他那些伟大作品中，预示了建筑领域可能想象的种种基本规范和原则。

然而，我们普遍认为，建筑就像书中照片上的样子，或者是一种从外部观看的东西，实际上，上述这样的建筑与赖特关于建筑的概念恰恰相反。对赖特而言，住进一座建筑，以我们所有感官对内部空间的感受，只是认识一切建筑的开始：只有经过对其内部空间的亲身体验，一座建筑物外部形式的价值才能得以展示或彰显。赖特设计的建筑本身的价值，不是由从外部对它的观察而决定的，而是由其内部空间为居住者提供的方便与舒适所决定的。为了真正理解赖特的建筑，只是读一本书是不够的。人们必须居住在他设计的建筑内，去亲身体验这些异常完美和深受启示的寓所。

赖特认为，建筑应是人的日常生活背景或精神支柱，其本身形式永远不应成为人们注意力关注的实在物体——然而，提出这一对建筑极为朴素的界定的人，却往往被人们误解为一个傲慢的怪诞形式的制造者。但是，赖特依然相信，在设计一座人们生活其中的建筑物时，建筑师理应承担意义重大的伦理责任，必须付出最大的努力，去推动他们所属的文化、文明和社会的进步。弗兰克·劳埃德·赖特是一位具有惊人才能的建筑师，他的作品和思想将继续塑造和改造我们周围的世界。

参考书目

By Wright

An American Architecture (New York, 1955)

An Autobiography (New York, 1932, 1943, 1977)

Ausgefuhrte Bauten und Entwurfe von Frank Lloyd Wright (Berlin, 1910)

The Disappearing City (New York, 1932)

Drawings for a Living Architecture (New York, 1959)

Frank Lloyd Wright, Ausgefuhrte Bauten (Berlin, 1911)

Frank Lloyd Wright: Collected Writings, ed. Bruce Brooks Pfeiffer (New York):

vol. I: *1894—1930* (1992)

vol. II:*1930 —1932* (1992)

vol. III: *1932—1939* (1993)

vol. IV: *1939—1949* (1994)

vol. V: *1949—1959* (1995)

Frank Lloyd Wright: On Architecture, ed. F. Gutheim (New York, 1941)
Frank Lloyd Wright: Writings and Buildings, ed. Edgar Kaufmann Jr and Ben Raeburn (New York, 1960)
The Future of Architecture (New York, 1953)
Genius and the Mobocracy (New York, 1949)
In the Cause of Architecture (essays, 1908—29), ed. F. Gutheim (New York, 1975)
The Japanese Print: An Interpretation (1912; repr. New York, 1967)
The Life-Work of Frank Lloyd Wright (Amsterdam, 1925)
The Living City (New York, 1958)
The Natural House (New York, 1954)
Sixty Years of Living Architecture (New York, 1953)
A Testament (New York, 1957)
When Democracy Builds (Chicago, 1945)

On Wright

Aguar, Charles E. and Berdeana, *Wrightscapes: Frank Lloyd Wright's Landscape Designs* (New York, 2002)
Alofsin, Anthony, ed., *Frank Lloyd Wright: An Index to the Taliesin Correspondence*, 5 vols (New York, 1998)
——, *Frank Lloyd Wright: Europe and Beyond* (Berkeley, CA, 1999)
——, *Frank Lloyd Wright: The Lost Years, 1910—22* (Chicago, 1993)
Bandes, Susan, ed., *Affordable Dreams: The Goetsch-Winkler House*

and Frank Lloyd Wright (East Lansing, MI, 1991)

Birk, Melanie, ed., *Frank Lloyd Wright's Fifty Views of Japan* (San Francisco, 1996)

Blake, Peter, *Frank Lloyd Wright: Architecture and Space* (Harmondsworth, 1964)

Bolon, C., R. Nelson, and L. Seidel, (eds), *The Nature of Frank Lloyd Wright* (Chicago, 1988)

Brooks, Allen, ed., *Writings on Wright* (Cambridge, MA, 1981)

——, *The Prairie School: Frank Lloyd Wright and his Midwest Contemporaries* (New York, 1972)

Carter, Brian, *Johnson Wax Administration Building and Research Tower: Frank Lloyd Wright* (London, 1998)

Cleary, Richard, *Merchant Prince and Master Builder: Edgar J. Kaufmann and Frank Lloyd Wright* (Seattle, WA, 1999)

Connors, Joseph, *The Robie House of Frank Lloyd Wright* (Chicago, 1984)

De Long, David, *Auldbrass: Frank Lloyd Wright's Southern Plantation* (New York, 2003)

——, ed., *Frank Lloyd Wright: Designs for an American Landscape* (New York, 1996)

——, ed., *Frank Lloyd Wright and the Living City* (Milan, 1998)

Eaton, Leonard, *Two Chicago Architects and Their Clients* (Cambridge, MA, 1969)

Etlin, Richard, *Frank Lloyd Wright and Le Corbusier* (Manchester,

1994)

Futagawa, Yokio, and Bruce Brooks Pfeiffer, eds (Tokyo):

1 *Frank Lloyd Wright Monograph 1887—1901* (1986)

2 *Frank Lloyd Wright Monograph 1902—1906* (1987)

3 *Frank Lloyd Wright Monograph 1907—1913* (1987)

4 *Frank Lloyd Wright Monograph 1914—1923* (1985)

5 *Frank Lloyd Wright Monograph 1924—1936* (1985)

6 *Frank Lloyd Wright Monograph 1937—1941* (1986)

7 *Frank Lloyd Wright Monograph 1942—1950* (1988)

8 *Frank Lloyd Wright Monograph 1951—1959* (1988)

9 *Frank Lloyd Wright Preliminary Studies 1889—1916* (1985)

10 *Frank Lloyd Wright Preliminary Studies 1917—1932* (1986)

11 *Frank Lloyd Wright Preliminary Studies 1933—1959* (1987)

12 *Frank Lloyd Wright In His Renderings 1887—1959* (1984)

Futagawa, Yokio, ed., and Paul Rudolph, *Frank Lloyd Wright: Kaufmann House, 'Fallingwater'* (Tokyo, 1970)

——, ed., and Arata Isozaki, *Frank Lloyd Wright: Johnson and Son Administration Building and Research Tower* (Tokyo, 1970)

——, ed., and Bruce Brooks Pfeiffer, *Frank Lloyd Wright: Solomon Guggenheim Museum* (Tokyo, 1975)

——, ed., and Masami Tanigawa, *Frank Lloyd Wright: Taliesin East and Taliesin West* (Tokyo, 1975)

Gebhard, David and Scott Zimmerman, *Romanza: The California Architecture of Frank Lloyd Wright* (San Francisco, CA, 1988)

Graf, Otto Antonia, *Die Kunst des Quadrats: Zum Werk von Frank Lloyd Wright*, vols I and II (Vienna, 1983)

——, *Erraumen: Zum Werk von Frank Lloyd Wright*, vols III and IV (Vienna, 2002)

Gurda, John, *New World Odyssey, Annunciation Greek Orthodox Church and Frank Lloyd Wright* (Milwaukee, WI, 1986)

Hanks, David, *The Decorative Designs of Frank Lloyd Wright* (New York, 1979)

Hanna, Paul and Jean, *Frank Lloyd Wright's Hanna House* (Carbondale, IL, 1981)

Heinz, Thomas, *Dana House* (London, 1995)

——, *Frank Lloyd Wright* (New York, 1992)

Hertz, David Michael, *Angels of Reality: Emersonian Unfoldings in Wright, Stevens and Ives* (Carbondale, IL, 1993)

Hildebrandt, Grant, *The Wright Space: Pattern and Meaning in Frank Lloyd Wright's Houses* (Seattle, WA, 1991)

Hitchcock, Henry-Russell, *In the Nature of Materials: 1887—1941, The Buildings of Frank Lloyd Wright* (New York, 1941)

Hoffmann, Donald, *Frank Lloyd Wright: Architecture and Nature* (New York, 1986)

——, *Frank Lloyd Wright's Dana House* (New York, 1996)

——, *Frank Lloyd Wright's Fallingwater: The House and Its History* (New York, 1979, 1993)

——, *Frank Lloyd Wright's Hollyhock House* (New York: Dover, 1992)

——, *Frank Lloyd Wright's House on Kentuck Knob* (Pittsburgh, PA, 2000)

——, *Frank Lloyd Wright, Louis Sullivan and the Skyscraper* (New York, 1998)

——, *Frank Lloyd Wright's Robie House* (New York: Dover, 1984)

——, *Understanding Frank Lloyd Wright's Architecture* (New York, 1995)

Jacobs, Herbert and Katherine, *Building with Frank Lloyd Wright* (San Francisco, CA, 1978)

James, Cary, *The Imperial Hotel* (New York, 1993)

Johnson, Donald Leslie, *Frank Lloyd Wright versus America: The 1930s* (Cambridge, MA, 1990)

Kalec, David and Thomas Heinz, *Frank Lloyd Wright Home and Studio, Oak Park, Illinois* (Oak Park, IL, 1975)

Kaufrnann Jr, Edgar, *Fallingwater: A Frank Lloyd Wright Country House* (New York, 1986)

——, *Nine Commentaries on Frank Lloyd Wright* (Cambridge, MA, 1989)

Kruty, Paul, *Frank Lloyd Wright and Midway Gardens* (Urbana, IL, 1998)

Levine, Neil, *The Architecture of Frank Lloyd Wright* (Princeton, NJ, 1996)

Lind, Karla, *Lost Wright* (New York, 1996)

Lipman, Jonathan, *Frank Lloyd Wright and the Johnson Wax Buildings*

(New York, 1986)

Manson, Grant Carpenter, *Frank Lloyd Wright to 1910: The First Golden Age* (New York, 1958)

McArthur, Shirley duFresne, *Frank Lloyd Wright: American System-Built Homes in Milwaukee* (Milwaukee, WI, 1983)

McCarter, Robert, *Fallingwater: Frank Lloyd Wright* (London, 1994)

——, *Frank Lloyd Wright* (London, 1997)

——, ed., *Frank Lloyd Wright: A Primer on Architectural Principles* (New York, *1991)*

——, ed., *On and By Frank Lloyd Wright: A Primer of Architectural Principles* (London, 2005)

——*Unity Temple: Frank Lloyd Wright* (London, 1997)

Meech, Julia, *Frank Lloyd Wright and the Art of Japan* (New York, 2001)

Meehan, Patrick, ed., *Frank Lloyd Wright Remembered* (Washington, DC, 1991)

——, ed., *Frank Lloyd Wright: A Research Guide to Archival Sources* (New York, *1983)*

——, ed., *Truth Against the World: Frank Lloyd Wright Speaksfor an Organic Architecture* (New York, 1987)

Menocal, Narcisco, ed., *Fallingwater and Pittsburgh,* Wright Studies, vol. 2 (Carbondale, IL, 2000)

——, ed., *Taliesin 1911—1914,* Wright Studies, vol. 1 (Carbondale, IL, 1992)

Muchamp, Herbert, *Man About Town: Frank Lloyd Wright in New York City* (Cambridge, MA, 1983)

Nute, Kevin, *Frank Lloyd Wright and Japan* (New York, 1993)

Patterson, Terry, *Frank Lloyd Wright and the Nature of Materials* (New York, 1994)

Pfeiffer, Bruce Brooks, and Robert Wojtowicz, *Frank Lloyd Wright + Lewis Mumford: Thirty Years of Correspondence* (New York, 2001)

Pfeiffer, Bruce Brooks, ed., *Frank Lloyd Wright: Drawings* (New York, 1990)

——, ed., *Frank Lloyd Wright: Letters to Apprentices* (New York, 1989)

——, ed., *Frank Lloyd Wright: Letters to Architects* (New York, 1989)

——, ed., *Frank Lloyd Wright: Letters to Clients* (New York, 1989)

——, *Frank Lloyd Wright: The Masterworks* (New York, 1993)

Quinan, Jack, *Frank Lloyd Wright's Larkin Building, Myth and Fact* (Cambridge, MA, 1987)

——, *Frank Lloyd Wright's Martin House: Architecture as Portraiture* (New York, 2004)

Reed, Peter and William Kaizen (eds), *The Show to End All Shows: Frank Lloyd Wright and the Museum of Modern Art, 1940* (New York, 2004)

Reisley, Roland, *Usonia, New York: Building a Community with Frank Lloyd Wright* (New York, 2001)

Riley, Terrance, ed., *Frank Lloyd Wright, Architect* (New York, 1994)

Rosenbaum, Alvin, *Usonia: Frank Lloyd Wright's Design for America*

(Washington, DC, 1993)

Satler, Gail, *Frank Lloyd Wright's Living Space* (Dekalb, IL, 1999)

Scully, Vincent, *Frank Lloyd Wright* (New York, 1960)

Sergeant, John, *Frank Lloyd Wright's Usonian Houses* (New York, 1976)

Siry, Joseph, *Unity Temple: Frank Lloyd Wright and Architecture for Liberal Religion* (Cambridge, MA, 1996)

Sloan, Julie, *Light Screens: The Complete Leaded-Glass Windows of Frank Lloyd Wright* (New York, 2001)

Smith, Kathryn, *Frank Lloyd Wright: America's Master Architect* (New York, *1998)*

——, *Frank Lloyd Wright: Hollyhock House and Olive Hill* (New York, 1992)

——, *Frank Lloyd Wright's Taliesin and Taliesin West* (New York, 1997)

Smith, Norris Kelly, *Frank Lloyd Wright, A Study in Architectural Content* (Englewood Cliffs, NJ, 1979)

Steele, James, *Barnsdall House: Frank Lloyd Wright* (London, 1992)

Storrer, William Allin, *The Architecture of Frank Lloyd Wright: A Complete Catalog* (Cambridge, MA, 1974)

——, *The Frank Lloyd Wright Companion* (Chicago, IL, 1993)

Sweeney, Robert, *Frank Lloyd Wright: An Annotated Bibliography* (Los Angeles, CA, 1978)

——, *Wright in Hollywood: Visions of a New Architecture* (Cambridge, MA, 1994)

Tafel, Edgar, ed., *About Wright* (New York, 1993)

——, *Apprentice to Genius: Years with Frank Lloyd Wright* (New York, 1979)

Toker, Franklin, *Fallingwater Rising: Frank Lloyd Wright, E.J. Kaufmann, and America's Most Extraordinary House* (New York, 2003)

Zevi, Bruno, *Frank Lloyd Wright* (Bologna, 1979)

Biographies

Barney, Maginel Wright, *The Valley of the God-Almighty Joneses* (New York, 1965)

Gill, Brendan, *Many Masks: A Life of Frank Lloyd Wright* (New York, 1987)

Hoppen, Donald, *The Seven Ages of Frank Lloyd Wright* (New York, 1998)

Huxtable, Ada Louise, *Frank Lloyd Wright* (New York, 2004)

Jacobs, Herbert, *Frank Lloyd Wright: America's Greatest Architect* (New York, *1965)*

Secrest, Meryle, *Frank Lloyd Wright* (New York, 1992)

Twombley, Robert, *Frank Lloyd Wright: An Interpretive Biography* (New York, 1973)

Wright, John Lloyd, *My Father Who Is On Earth* (New York, 1946)

致谢

撰写传记不仅涉及研究，而且需要选择，因为任何人不可能将所有的事情都写出来。这本书是一名建筑师写的关于赖特生平的书，书中内容集中于赖特的建筑设计业务，而其设计同他所处时代的社会、经济、政治、哲学、建筑材料、个人境遇和文化环境不可避免地交织在一起。对赖特而言，实践的传统不仅有别于普通意义的实践，而且它涉及日常伦理道德和人们时时接触的现实，这使他的作品完全同人们的生活融合在一起。这本有选择地陈述赖特生平的作品全由我撰写，但作为作者，我想感谢来自多方的重要帮助。维维安·康斯坦托普洛斯（Vivian Constandinopoulos）鼓励我去尝试对我而言是新的传记领域。肯尼恩·弗兰普顿（Kenneth Frampton）坚持认为，赖特的作品对建筑领域的未来依然具有极大的重要性，他对我们这一代建筑师的影响是深刻的。

约瑟夫·康纳斯（Joseph Connors）叮嘱我永远不要忘记，建筑来自创造性思维，建筑同其时代的社会、政治、文化和物质环境息息相关。最后，我愿将此书献给布鲁斯·布鲁克斯·普法伊弗（Brooc Brooks Pfeiffer），他一生的工作告诉人们，对赖特生命历程和事业的记录，将有益于那些追随赖特事业的人们。

关于书内照片向下列个人和机构致以谢意

本书作者和出版者希望在此向提供照片并特许在书中使用的下列个人和机构致以谢意：本书作者被允许使用的照片：第 122 页（上）、130 页、204 页、213 页、220 页、229 页、241 页（上）；芝加哥历史学会照片：第 235 页；伊利诺伊州橡树园弗兰克·劳埃德·赖特照片收藏托管会照片：第 5 页、134 页；亚利桑那州斯科茨代尔西塔利辛弗兰克·劳埃德·赖特档案馆照片：第 38 页、53 页、101 页、140 页、147 页、165 页、175 页、177 页、183 页、202 页、210 页、240 页、300 页；纽约哥伦比亚大学埃弗里建筑与美术图书馆特许使用照片：第 241 页（下）；S. C. 约翰逊父子公司特许使用照片：第 217 页；华盛顿特区国会图书馆照片（印刷品及照片分部）：第 II 页；佛罗伦萨拉格希安蒂档案照片（档案馆“艺术部”）：第 281 页；威斯康星州历史学会照片：第

318页；弗兰克·劳埃德·赖特的设计与照片，《弗兰克·劳埃德·赖特：已完成的建筑》（*Frank Lloyd Wright Ausgefuhrte Bauten*）（柏林，1911）：第84页、107页、119页、122页（下）、124页、129页。